Joseph Roth

Kaffeehaus-Frühling

Ein Wien-Lesebuch
herausgegeben und mit einem Vorwort
von Helmut Peschina

Kiepenheuer & Witsch

Die Abbildungen »Cafe Herrenhof« und »Nordbahnhof« erscheinen mit freundlicher Genehmigung der Österreichischen Nationalbibliothek.
Alle weiteren Abbildungen wurden uns freundlicherweise vom Photo-Antiquariat Seemann in Wien zur Verfügung gestellt.

1. Auflage 2005

Umschlaggestaltung: Barbara Thoben, Köln
Umschlagfoto: © photonica / Masao Ota
Gesamtherstellung: Clausen & Bosse, Leck
ISBN 3-462-03494-4

Inhalt

Vorwort

Im Herbst 1913 kommt Joseph Roth als Neunzehnjähriger aus Lemberg/Galizien allein in die große Reichs-, Haupt- und Residenzstadt Wien, um an der Universität Germanistik zu studieren. Er beginnt sein Studium mit dem Sommersemester 1914, besucht Vorlesungen bei Walther Brecht und Eduard Castle. (Einer von Brechts Assistenten war Heinz Kindermann, der spätere Ordinarius des Instituts für Theaterwissenschaft an der Universität Wien, den Roth in seiner ersten Erzählung *Der Vorzugsschüler* und als Leutnant Kindermann in seinem Roman *Radetzkymarsch* verewigte.)

Die erste Zeit in Wien hatte Roth ein kleines Zimmer in der Rembrandtstraße 35 in der Leopoldstadt, dem 2. Bezirk, gemietet.

»Die Ostjuden, die nach Wien kommen, siedeln sich in der Leopoldstadt an, dem zweiten der zwanzig Bezirke. Sie sind dort in der Nähe des Praters und des Nordbahnhofs. [...] Am Nordbahnhof sind sie alle angekommen, durch seine Hallen weht noch das Aroma der Heimat, und es ist das offene Tor zum Rückweg.

Die Leopoldstadt ist ein freiwilliges Getto. Viele Brücken verbinden sie mit den anderen Bezirken der Stadt.« (aus: *Juden auf Wanderschaft*, Bd. II, S. 857)

Bald aber gibt er das Untermietzimmer aus finanziellen Gründen auf und zieht zu seinem Vormund, dem Kaufmann Siegmund Grübel, in die Wallensteinstraße im 20. Bezirk, wo er dann, zeitweise gemeinsam mit seiner Mutter, bis zu seiner Rekrutierung 1916 wohnen wird.

Schon während seiner Studienzeit verfaßt Roth Gedichte. Am 5. August 1915 schreibt er an die Redaktion von *Öster-*

reichs Illustrierter Zeitung einen Brief, in dem er eindringlich seine ersten lyrischen Arbeiten anbietet:

»Sehr geehrter Herr Redakteur! Ich bin einer von denjenigen, die man Lyriker nennt, oder Narren oder Bettler, oder Alles zugleich. Sämtliche drei Attribute passen auf mich. Ganz besonders das letzte.

Es ist nicht die Sehnsucht nach Druckerschwärze, die mich Ihnen schreiben heißt, sondern die Not. Sie lehrt heutzutage nicht mehr beten. Denn das Beten haben wir vergessen, als wir sahen, daß es umsonst sei. Die Not lehrt heute *bitten*. Aber die Bitte wird zum Gebet, und der Mensch, an den man sie richtet, wird zum Herrgott. Für mich sind Sie es jetzt, Herr Redakteur! Hoffentlich erhören Sie mich.

Wenn Sie es nicht wissen, so ahnen Sie es doch gewiß, was das heißt: arm zu sein. Wie das tut, wenn man eine große Sehnsucht im Herzen und nicht eine Münze in der Tasche trägt. Wenn man an märchenblauen Sommertagen so gerne hinaus möchte und die Straßenbahn die unangenehme Einrichtung der Schaffner und Kontrolleure hat. Wenn man nicht zu Fuß hinaus darf, weil ein Schusterherz hart ist, härter als eine Schuhsohle. Wenn man sich den Bissen vom Munde absparen muß, um auf ein reines Blatt Papier ein Gedicht zu schreiben. Wenn man seine Briefe ›in loco‹ selbst aufgeben muß, weil die Post Beförderungstaxen verlangt. Wenn man das Leben liebt und dieses schöne, teuflische Weib einen kalt abweist, wie einen unangenehmen Liebhaber.

Wenn Sie das alles wissen, Herr Redakteur, werden Sie diese Sendung nicht in den Papierkorb werfen. Es wäre weniger schade um meine Gedichte, als um das schöne, weiße Papier ...«

(David Bronsen: *Joseph Roth. Eine Biographie*. Köln 1974, S. 143)

So der Einundzwanzigjährige!

Roth wurde erhört, seine Gedichte wurden nicht in den Papierkorb geworfen, sondern in *Österreichs Illustrierter Zeitung* abgedruckt.
Seine finanzielle Lage in dieser Zeit ist so schlecht, daß er angeblich nicht einmal das Geld aufbringen kann, um sich ein Exemplar der *Illustrierten Zeitung* zu kaufen, geschweige denn, sich einen Kaffeehausbesuch mit Zeitunglesen zu leisten, um seine Gedichte abgedruckt zu sehen.
An seine Lieblingscousine Paula Grübel schreibt er ein Jahr später anläßlich ihres Geburtstages nach Baden bei Wien:
»... Was soll ich Dir schenken? Ich habe kein Geld. Aber meine Zeile wird mit 6 h [= 6 Heller, der Hrsg.] honoriert. Zähle die Zeilen in diesem Brief und Du wirst eine kleine Summe haben ...«
(zit. nach *Joseph Roth. Briefe 1911–1939*, hrsg. und eingeleitet von Hermann Kesten, Köln 1970, S. 29)
Dieselbe Paula Grübel schreibt im Juni 1939, einige Wochen nach dem Tod ihres Cousins, aus Lemberg an Hermann Kesten, den Herausgeber der ersten Werkausgaben Roths:
»Ich ordne jetzt Roths Gedichte – die meiner Ansicht nach wunderschön sind und interessant, weil sie genau den Seelenzustand und Gedanken des 20jährigen Dichters Roth enthalten. Sie sind sehr ungeordnet, ich werde aber vielleicht mit J. Wittlin's Hilfe, der in jener Zeit sehr mit Roth befreundet war, und nach den vorgefundenen Notizen chronologisch zusammenstellen, und nach Möglichkeit gruppenweise betiteln, was man auch aus den losen Notizen ersehen kann. Ich glaube, es werden 150 Gedichte oder auch mehr sein. Auf vielen Manuskripten ist eine Bemerkung aufgen. – oder ang. – so vermute ich, daß viele einzeln in verschiedenen österr. bzw. Wiener Zeitschriften während der Kriegsjahre erschienen sind [...]« (zit. nach: *Deutsche Literatur im Exil. Briefe europäischer Autoren. 1933–1949*, hrsg. von Hermann Kesten, Wien-München-Basel 1964, S. 104f)

Neben Joseph Wittlin zählte auch Soma Morgenstern zu seinen Freunden in dieser Zeit, beide Studienkollegen und künftige Schriftsteller wie er, mit denen er bis zu seinem Tode befreundet sein wird.
Wittlin beschreibt den Kommilitonen Roth 1949 in seiner Rede anläßlich einer Gedenkfeier in New York zu dessen zehntem Todestag so:
»Roth fiel mir auf. Er war sehr dünn, gepflegt, gut gekleidet. Sein blondes Haar trug er in der Mitte gescheitelt, es war immer mit Pomade glattgekämmt. Er kam mir wie der klassische Typ eines Wiener Dandy aus Beamtenkreisen vor, ein sogenannter ›Gigerl‹. In seinen schönen blauen Augen, die oft ironisch blickten, trug er ein Monokel. Dieses Monokel reizte mich. Es ist heute schwer zu sagen, ob Roth das Monokel deshalb trug, um die Welt, die ihm damals schön und zauberhaft erschien, noch besser zu sehen, oder ob er sich dieser Liebe zur Welt schämte und mit dem Monokel, das seinem Gesicht einen strengen Ausdruck gab, die Begeisterung in seinen Augen verbergen wollte. Auf jeden Fall wirkte sein spitzes Gesicht durch das Monokel leicht arrogant. [...]« (*Joseph Roth. Leben und Werk. Ein Gedächtnisbuch*, hrsg. von Hermann Linden, Köln-Hagen 1949, S. 49f)
Zu Joseph Wittlins Roman *Das Salz der Erde* schreibt Roth 1937 ein Vorwort, Soma Morgenstern wird sich später, nach Roths Tod, in *Joseph Roths Flucht und Elend* seiner erinnern.
Morgenstern rückt bei Kriegsbeginn ein, Roth und Wittlin sind bei Ausbruch des Krieges Pazifisten. Beide ändern aber 1916 ihre Haltung, sie empfinden es als Schande, unnütz in Wien zurückgeblieben zu sein, und melden sich freiwillig. Genaue Gründe für diesen Stimmungswechsel kann Wittlin auch Jahrzehnte später in seiner Rede nicht angeben. »Je länger der Krieg dauerte und je mehr Freunde an den Fron-

ten fielen, desto überdrüssiger wurden wir des sinnlosen Geredes gegen den Krieg in den Kaffeehäusern [...] Also aus irgendwelchen, uns damals unklaren Motiven heraus, beschlossen wir, trotz der Aversion gegen Krieg, Militär und Monarchie, uns als Kriegsfreiwillige zu melden.«

Bis zum Frühjahr 1917 ist Roth als Rekrut in Wien kaserniert, dann wird er nach Galizien überstellt, wo er im Pressedienst als eine Art Zensor beschäftigt ist, er mußte wahrscheinlich Frontbriefe kontrollieren.

Auch während seiner Dienstzeit beim Militär verfaßt er Gedichte und kleine Aufsätze, die in der Tageszeitung *Der Abend* und in *Der Friede*, einer Wochenzeitschrift, publiziert werden. *Der Friede* wird von Dr. Benno Karpeles herausgegeben, Alfred Polgar ist Leiter des literarischen Teils, er sollte Roths Lehrmeister, Vorbild und Mentor werden.

Nach Kriegsende kehrt Roth erneut mittellos nach Wien zurück. Das Studium kann er nicht mehr fortsetzen, er muß sich nach Arbeit umsehen.

Mit Kriegsende hatte eine neue politische Zeit begonnen. Am 12.11.1918 wurde die Erste Republik Österreich ausgerufen.

Kaiser Franz Joseph I. war noch während des Krieges am 21.11.1916 gestorben, Karl I. wurde sein Nachfolger und verzichtet am Tag der Ausrufung der Ersten Republik auf jeden Anteil an den Staatsgeschäften.

Dr. Karl Renner, der erste Bundespräsident Österreichs nach dem Zweiten Weltkrieg bis zum Jahr 1950, wird zum Staatskanzler ernannt.

Am 12.10.1919 wird Roth dem Sozialdemokraten Renner im Feuilleton *Der Neue Hofpark* ein kritisches Denkmal setzen: »Dr. Renner, der wie eine Version besagt, aus St. Germain eine unüberwindliche Vorliebe für Eisengitter mitgebracht hat, ließ also einen großen Teil der Rasenfläche einzäunen. Das soll 160 000 Kronen gekostet haben, aber das ist nicht viel, denn es ist sozusagen der Wiederaufbau Deutschösterreichs, der mit der Durchschneidung des Rasens vor der Staatskanzlei einen verheißenden Anfang genommen hat und sich in Gestalt eines Eisengitters auf gemauerter Grundlage präsentiert. Innerhalb des Rasens soll ein schmucker Pavillon erbaut werden, in dem Dr. Renner fern vom Lärm des Tages arbeiten wird. ›Der Staatskanzler als Einsiedler‹ dürfte dann ein Feuilleton der ›Arbeiter-Zeitung‹ heißen. [...] Im Sommer wird sich der Staatskanzler der nützlichen Beschäftigung hingeben können, Kohl zu bauen, wenn er etwa an dessen Hervorbringung durch Reden noch nicht genug haben dürfte. Der Umstand, daß gegenwärtig das alte Gras innerhalb des Eisengitters abgemäht wird, läßt darauf schließen, daß die Autorität des Staatskanzlers den Wunsch geäußert habe, im Frühjahr wenigstens das neue wachsen zu hören.«

Zu den wirtschaftlichen Schwierigkeiten der Nachkriegsjahre kamen bald innenpolitische Spannungen.

Und obwohl die wirtschaftliche Situation insgesamt und somit auch die der Tagespresse und der Presse überhaupt zu Beginn der Ersten Republik äußerst schwierig war, da ja durch die neue Grenzziehung wichtige Absatzgebiete aus der Zeit der Monarchie verlorengegangen waren, waren Neugründungen von Tageszeitungen durch die neue politische Konstellation gleichsam als selbstverständlich und zwingend anzusehen.

Das neue Österreich war hungrig nach neuer Information. Das bisher nicht gekannte Verhältnis Bürger – Republik mußte vermittelt, mußte dem interessierten Leser nähergebracht werden. Die Tageszeitungen und deren Mitarbeiter standen vor neuen Aufgabenbereichen. Trotz dieses ungeheuren politischen Informationsdrucks und der Informationssucht der Leser konnte sich der Feuilleton-Teil in den meisten Blättern, zumindest für eine gewisse Zeit, weiterhin behaupten.

Eine dieser Neugründungen *Der Neue Tag*, dessen Chefredakteur für die kurze Zeit seines Erscheinens von März 1919 bis April 1920 Dr. Benno Karpeles war, gehörte zum Papierkonzern »Elbemühl«, in dessen Besitz noch einige Zeitungen waren, wie die *Wiener Allgemeine Zeitung*, die *Wiener Mittagszeitung* oder *Das Illustrierte Extrablatt*, unter denen *Der Neue Tag* eine Sonderstellung innehatte, denn »seinem Chefredakteur Karpeles war vertraglich zugesichert worden, daß die Führung des Blattes mit völliger Unabhängigkeit von ›den Kapitalisten‹ erfolgen konnte, das heißt, ›ohne Einfluß der Besitzer, ohne Einmischung der Administration‹ [...] Diejenigen Beiträge, die aus dem Geist der Stunde geboren sind, sollte die Tageszeitung *Der Neue Tag* übernehmen. Er sollte für die neuentstandenen Probleme ein Diskussionsforum bilden.« (Ingeborg Sültemeyer: *Das Frühwerk Joseph Roths 1915–1926. Studien und Texte*. Wien-Freiburg-Basel 1976, S. 47)
Vorbild für Karpeles Zeitung *Der Neue Tag* waren die renommierten Organe *Berliner Tagblatt* und *Frankfurter Zeitung*, für die Roth in den nächsten Jahren die meisten seiner Feuilletons schreiben wird.
Die erste Ausgabe von *Der Neue Tag* erscheint am 3. März 1919.
Karpeles stellt Roth, den er durch die früheren Beiträge in *Der Friede* kennt, im April 1919 als festen Redakteur und Lokalreporter an. Es ist der Beginn seiner regelmäßigen journalistischen Arbeit und seiner Karriere als einer der gefragtesten Autoren des deutschen Feuilletons.
Roth war wohl der Jüngste in der Redaktion, der so renommierte Namen wie Alfred Polgar, Egon Erwin Kisch, Anton Kuh, Leo Perutz und Arnold Höllriegel (d. i. Richard A. Bermann) angehörten. Und daß sich der junge Kollege bei diesen Größen des politisch-gesellschaftskritischen Feuilletons durchsetzen und seinen Platz im Feuilleton beibehalten

konnte, zeigt, welch feuilletonistische Begabung Roth von Anbeginn seiner Karriere war. Es waren niemals die Beiträge eines »Anfängers«. Zwischen April 1919 und April 1920 – die Zeitung mußte wegen Unrentabilität eingestellt werden (sie hatte wahrscheinlich ein zu hohes Niveau) – verfaßte Roth weit über hundert Beiträge für die Tageszeitung *Der Neue Tag*. Von Anfang an bestand seine Aufgabe darin, den Alltag im Wien der Nachkriegszeit zu schildern, über wichtige und weniger wichtige lokale Tagesereignisse zu berichten, wie in *Fünfzig Jahre Wiener Sicherheitswache* oder in *100 Jahre*, einem Geburtstagsgruß an eine greise Jubilarin. Aber auch in solchen Beiträgen, die sich mit scheinbar unwesentlichen Begebenheiten befaßten, verstand es Roth, ein »lyrisches Feuilleton« zu verfertigen, worin er ein wahrer Meister war, wie z. B. in *100 Jahre – Bei der ältesten Wienerin*: »Sie kann *nur* in der Kalvarienberggasse wohnen. Kennt Ihr die Kalvarienberggasse? Links vom Elterleinplatz in Hernals steigt sie gelinde empor. Man sieht ihr Ende kaum. Man darf sich einbilden, daß sie sacht und sorgfältig in die Ewigkeit hinanführt. Und wie es sich für einen Weg gehört, der zur Ewigkeit führt: Rechts steht ein Kirchlein mit einer rohen Steinmauer, es sieht so lieb aus wie ein Wetterhäuschen oder ein Spielzeug. [...] Und links, im Zehner-Haus, wohnt Frau Katharina Fischer, die am 4. Jänner 1920 rund hundert Jahre alt geworden ist. Wenn man hundert Jahre alt ist, wohnt man selbstverständlich in der Gasse, die zur Ewigkeit führt. Geradewegs in die ausgebreiteten Arme des lieben Gottes hinein, der hoch droben steht und wartet; auf die Menschen, die mühselig den Kalvarienberg hinaufkeuchen. [...] Frau Katharina Fischer wohnt bei ihrer Tochter, die Anna Schimek heißt und die Frau eines Eisenbahners ist. [...] Frau Schimek zeigt, was ihre Mutter kann. Die Hundertjährige sitzt auf. Sie freut sich über einen Plausch. Sie darf reden. Und sie spricht. Spricht ohne Unterlaß. Ihre hundertjährigen

Hände mit den Knoten an den Fingern und den vielen, vielen tausendblauen Äderchen schießen wie Schwalben hart über die Tischplatte. Ihr zahnloser Mund sieht aus wie eine kleine Höhle, aus der ein Quell von Geschichten unermüdlich sprudelt. Die Gegebenheiten verhaspeln sich, verwirren sich, Ereignisse, die jahrzehntelang auseinanderliegen, rücken plötzlich zusammen [...] Das alte, kleine Mütterchen aus dem Volke sieht mit dem hundertjährigen Auge der Geschichte. Revolutionen, Kaiser, Kriege, Festlichkeiten. Hie und dort guckt nur ihr eigener, kleiner Alltag der Historie über die Schulter...«

Und Joseph Roth »guckt« sich diesen kleinen Alltag der Menschen an, er »guckt« ihnen über die Schulter: den Außenseitern, den am Rande der Gesellschaft Stehenden, den Isolierten, den Schwachen.

Er wird es sein Leben lang tun.

Meist veröffentlicht er seine gesellschaftskritischen Glossen und Feuilletons unter einem metaphorischen Titel wie *Die Insel der Unseligen*, *Seifenblasen*, *Herbstrevue*, *Bar des Volkes*, *Stadtfrühling*, um nur einige zu nennen.

In *Tiere*, einem Spaziergang durch den Schönbrunner Tiergarten, werden die Rollen gewechselt, dem Besucher Mensch wird die Haut, das Fell der Zoobewohner übergezogen: »Der Oberlehrer hat ein Geiergesicht. Er geht hier studienhalber herum. Sein Fach ist Naturlehre. [...] Gouvernantenpapageien führen kleine Säugetiere mit Spitzenhäubchen in grünlackierten Kinderwagerln spazieren.

Eine Ameisenbärfamilie mit Uhrketten, Spazierstöcken, Regenschirmen begibt sich ins Kaffeehaus im Vollgefühl ihrer durch den zoologischen Besuch erheblich gesteigerten Menschenwürde.

Ein herabgekommener Habicht mit grünem Plüschhütchen, kariertem Kragen und sonstigem Polizeiagentenzivilfell späht nach Beutemenschen.«

In seinem Beitrag *In und außer Dienst* versucht er, dem Wesen des Ur-Wienerischen oder Ur-Österreichischen auf den Grund zu gehen.

Schauplätze wie die Cafés, Beisl, Tschecherl sind Synonym für den Alltag, für politisches Geschehen.

Schwarzmarktatmosphäre, die Welt der Schieber und Händler macht er zum Thema, die Welt der Illusion, der Artisten, des Praters, des Kinos fasziniert ihn.

Über das soziale Elend der Straße berichtet er, für die Ärmsten unter den Armen ergreift er Partei und stellt sie in ein schillerndes Licht wie den Bettler in *Interviews mit Straßentypen.*

Vielfältig waren Roths Themen.

Über alltägliche Kleinigkeiten berichtet er links-engagiert und eben auch metaphorisch, er liebte die Metaphorik, und so ließ er im wahrsten Sinne des Wortes sehr oft seine Worte sprießen, ließ sie Blüten treiben wie in *Kaffeehausfrühling*, dem Feuilleton, das dem Buch auch den Titel gibt: »Er offenbarte sich bisher bloß darin, daß die Kaffeesieder die Preise *trieben*, die tägliche Ausgabe für Frühstück und Jause *in die Höhe* schoß, im »Schwarzen« lenzlich-geheime Säfte *goren*, die Ausbeutung des Publikums ungeahnte *Blüten trieb* und das Geschäft überhaupt *florierte*. So sieht der Wiener Kaffeehausfrühling aus.«

Joseph Roths erster Beitrag im *Neuen Tag* erscheint am 20. April 1919 ohne Namensnennung unter dem Titel *Die Insel der Unseligen* und ist der Bericht seines Besuchs im Psychiatrischen Krankenhaus »Am Steinhof« im 14. Wiener Bezirk.

Seine künftigen Feuilletons und Reportagen im *Neuen Tag* läßt er entweder unter dem Pseudonym »Josephus« oder ohne Namensnennung publizieren.

Zahlreiche Artikel Roths erschienen im *Neuen Tag* in der lokalen Rubrik »Wiener Symptome«. Diesen Rubrik-Titel gestattete sich der Herausgeber als Überschrift für eines der Kapitel des Lesebuchs zu entlehnen, wobei hier aber auch andere, in der Rubrik nicht veröffentlichte Aufsätze diesem Kapitel zugeordnet sind. Ebenso wieder finden sich einige Artikel, die ursprünglich in der lokalen Rubrik erschienen, in anderen Kapiteln des vorliegenden Bandes.

Eine Sonderstellung haben die Beiträge, die unter dem Titel *Reise ins Heanzenland* (siehe Erläuterungen) zusammengefaßt sind:

Im Rahmen seiner Arbeit beim *Neuen Tag* wird Roth im August 1919 nach Deutsch-Westungarn geschickt, er soll über die dortige politische Situation berichten, um für den Anschluß dieses Teiles Ungarns an Österreich, dem späteren Burgenland (mit Ausnahme von Sopron/Ödenburg, das bei Ungarn blieb) in Wien Stimmung zu machen.

Dies ist sein erster »Reisebericht«, dem ja noch viele andere folgen sollten.

Als Ende April 1920 die Tageszeitung *Der Neue Tag* eingestellt werden muß, verliert der Journalist Roth seine Arbeit. Er verläßt am 1. Juni desselben Jahres Wien, um in das aufstrebende, interessantere Berlin zu gehen, wo er bald für die *Neue Berliner Zeitung* und für den *Berliner Börsen-Courier* schreibt.

Kurz vor seiner Abreise lernt er seine spätere Frau Friedl Reichler kennen, die ihm nach Berlin folgt.

Im Juli 1923 wird er nochmals kurz nach Wien zurückkehren. Drei Beiträge, *Das Café der elften Muse*, *Die Todesopfer des Groß-Stadtmagens* und *Riviera in Kagran*, abgedruckt in der *Wiener Sonn- und Montagszeitung* und im *Neuen Acht-Uhr-Blatt*, geben Zeugnis davon.

In dem vorliegenden Buch konnte nur ein Teil von Roths Wien-Aufsätzen berücksichtigt und unter bestimmten Vorzeichen gegliedert werden, da ansonsten der gebotene Rahmen gesprengt worden wäre.

Der Herausgeber hofft aber, daß es ihm dennoch gelungen ist, eine repräsentative Auswahl von Roths ersten journalistischen Arbeiten über den Alltag im Wien der Nachkriegszeit getroffen zu haben.
Sämtliche Texte Roths sind dem Band I der sechsbändigen Werkausgabe entnommen.
Abschließend möchte ich noch anhand von zwei Beispielen des frühen und des späten Roth die für ihn so charakteristische, bildhafte Sprache aufzeigen:
Am 25. 3. 1920 schreibt der junge Feuilletonist in seinem Beitrag *Ringelspiel* für den *Neuen Tag*:
»Ein paar Eisenbahner, Pfeifen im Mund, stehen wie blaue Pinselstriche in der Landschaft. Sie duften nach Steinkohle und Sehnsucht.«
Und im Juni 1938 wird der erfahrene Autor in Paris in der Rue Tournon in einem Bistro sitzen und den Abbruch »seines« Hôtels Foyot gegenüber beobachten, in dem er sechzehn Jahre lang gewohnt hatte:
»Die Arbeiter waren Demoliseure; Niederreißen war ihr Beruf, für Aufbauen kamen sie niemals in Betracht [...]«
Und er bemerkt weiter unten, wie der Alltag weitergeht:
»Schräg gegenüber steht der Friseur, weiß wie eine Kerze, vor der Tür. Bald werden Kunden kommen, nach des Tages Arbeit werden sie kommen ...«
(aus: »Rast angesichts der Zerstörung« Bd. III, S. 813ff der sechsbändigen Ausgabe)
Aus den Jahren 1919 bis 1923 stammen die in diesem Band gesammelten Feuilletons, und noch immer zeichnen sie das Antlitz der Zeit – auch unserer Zeit.

Literaturhinweise:

Joseph Roth: Briefe 1911–1939, Köln 1970, hrsg. von Hermann Kesten

Joseph Roth: Werke I–VI, Köln 1989–1991, hrsg. von Fritz Hackert und Klaus Westermann

David Bronsen: Joseph Roth. Eine Biographie, Köln 1974

Helmuth Nürnberger: Joseph Roth. rororo-bildmonographie, Reinbek bei Hamburg 1990

Ingeborg Sültemeyer: Das Frühwerk Joseph Roths. 1915–1929, Wien 1976

Heinz Lunzer & Victoria Lunzer-Talos: Joseph Roth. Leben und Werk in Bildern, Köln 1994

I
KAFFEEHAUSFRÜHLING

2. Bezirk, Praterstraße 31

Kaffeehausfrühling

Er offenbarte sich bisher bloß darin, daß die Kaffeesieder Preise *trieben*, die tägliche Ausgabe für Frühstück und Jause *in die Höhe* schoß, im »Schwarzen« lenzlichgeheime Säfte *goren*, die Ausbeutung des Publikums ungeahnte *Blüten trieb* und das Geschäft überhaupt *florierte*. So sieht der Wiener Kaffeehausfrühling aus. In der letzten Woche kam noch ein Neues hinzu: Schani trug den Garten hinaus. Der »Garten« besteht aus ein paar Latten und Dielenbrettern, die wohlverwahrt auf dem Dachboden Winterschlaf hielten, und einem Gitter aus Drahtgeflecht oder Eisen. Ein besonderes Zuvorkommen dem Mai und den Gästen gegenüber bedeuten noch einige Blumentöpfe und jene grünen Zweige, auf die in diesem abnorm kalten Frühjahr nur die Kaffeesieder kamen. Und somit ist alles für die Sonne gerüstet, die leider »infolge Ausbleibens wichtiger meteorologischer Nachrichten« von der Sternwarte nicht angekündigt werden

kann und sich ohne zuverlässige Prognose nicht recht aus den Wolken hervortraut ...
Sieht man diese gottverlassenen Caféveranden an, so drängt sich einem fast unwillkürlich der Vergleich auf mit nie erfüllten Friedensträumen, verregneten Aussichten und verschnupften Weltlagen. Diese umgekehrten Tische mit den umgestülpten Korbstühlen, die vor Nässe weinen, sehen einer verkehrten Welt verzweifelt ähnlich, in der alles auf dem Kopf stünde, wenn auch nur etwas einen Kopf hätte. Die Luft, die man eigentlich von Rechts wegen hier draußen genießen sollte, ist erfüllt mit Kriegsberichten, die von den Friedenskonferenzen kommen, und das Eis, das in normalen Zeiten hier geschluckt werden würde, hält leider immer noch die Herzen der Menschen krampfhaft umschlossen. So wird, was dereinst Fortsetzung gemächlichen Familienlebens und gemütlicher Tarockpartien auf die Straße war, heute eine recht ungemütliche Verquickung einer ungemütlichen Öffentlichkeit mit privaten Familiensorgen. Die Kaffeehausterrasse ist heute nur mehr ein überflüssiges Requisit aus besseren Zeiten und obendrein noch ein Verkehrshindernis wie Straßenbahn, Post, Telephon und andere »Verbindungsmittel«. Für Kaffeesieder hat sie allerdings einen Vorteil: Sie ermöglicht ihnen, unangenehme Stammgäste, die über die Preiserhöhung schimpfen, auf glatte Weise und im wahrsten Sinne des Wortes – an die Luft zu setzen ...

Josephus

Der Neue Tag, 23. 5. 1919

Das HERRENHOF war eines der Stammcafés von Joseph Roth

Eine Kaffeehausterrasse und noch eine

An einem schönen Sommerabend hat ein Ringstraßencafé nächst der Oper zwei Terrassen:

In der ersteren sitzen erwachsene Kriegsgewinner und schlürfen Eis und spielen Buki oder Tarock. Das ist die legale, anerkannte, gesetzlich geschützte Terrasse. Eine Terrasse mit gesellschaftsfähigen und bügelfaltengezierten Besuchern.

Vor dieser Terrasse eine etwas elementare, improvisierte: deren Besucher ohne Bügelfalten, noch *nicht* erwachsene Kriegsgewinner, sitzen nicht auf Korbstühlen, sondern teils auf dem Pflaster, teils auf dem sehr schwindsüchtigen Rasen unter dem Schatten eines Ringstraßenbaumes.

Und spielen Tarock.

Es sind Kolporteure der öffentlichen Meinung, und es scheint mir notwendig, diese auf das Vergnügen ihrer Verkäufer aufmerksam machen zu müssen.
Denn die Öffentlichkeit flaniert achtlos an den zigarettenrauchenden tarockierenden Knaben vorbei, und nur, wenn sie im Auto sitzt, läßt sie ein Hupensignal vernehmen oder weicht dem spielenden Rudel halbwüchsiger Kolporteure aus.
Man darf die Kleinen in ihrem Vergnügen nicht stören. Es ist ja sozusagen das Jahrhundert des Kindes.
Ein Wachmann steht in der Nähe und wartet aus Berufsgründen auf eine Gelegenheit, einschreiten zu können. Da heute ausnahmsweise nicht eine einzige Kriegswitwe einen Demonstrationszug über den Ring veranstaltet, läßt der Wachmann die Kriegswaisen ungeschoren. Vielleicht auch, weil er meint, das sei der Anfang der angekündigten Schulreformen: Um den Tüchtigen unter den Knaben freie Bahn zu schaffen, läßt man sie vorläufig, in den Ferien, die Fahrbahn der Ringstraße besetzen. Der Aufstieg der Begabten beginnt damit, daß diese vorderhand auf dem Pflaster sitzen bleiben. Wer die Partie gewinnt, hat seine Begabung erwiesen und darf aufsteigen.
Wie soll man das nennen? Im Zentrum einer Kulturstadt, auf der Straße tarockierende Knaben: eine »Kulturschande«? Nun: Schande hätten wir seit eh und je genug gehabt! Aber – das erstere? ...

Josephus

Der Neue Tag, 10. 8. 1919

Die Weißgeldwechselstube

Mißtrauen steht an der Schwelle und empfängt dich: Du kannst ein Spitzel sein, ein Konfident, ein Zuträger, ein Spion. Ein Fremder bist du jedenfalls: Du hast einen reinen Kragen an, und dein Benehmen riecht verdächtig nach Mitteleuropa. Deine Hände fuchteln nicht durch die Luft, deine Augen zwinkern nicht listig, erkokettieren kein Geschäftchen, deine Brusttasche ist normal an deinen Busen geheftet und steht keine Viertelmeile von der Hülle deines Ich ab. Du hast nichts Verhetztes an dir, nichts Polizeiwidriges, nichts Wildmäßiges, nichts Schlaues. Vor dem Auge des Gesetzes zuckst du mit keiner Wimper, und keiner deiner Finger rührt sich, ein Hintertürl zu öffnen. Was willst du also, Anständiger, gesetzlich Geschützter und Gesetze Schützender unter gesetzlich Schutzlosen und dem Schutz der Gesetze Entronnenen? Was suchst du, Geachteter, unter den Geächteten? Du Vollwertiger unter Minderwertigen? Du Gewaschener unter Schmutzigen? Kulturmensch in Kulturlosigkeit? Du Gewissenhafter im Reiche der Gewissenlosigkeit? Du mit Skrupeln Behafteter im Bezirke der nachkriegerischen Moral infanity? Siehst du: Du bist ein Fremder, und deshalb steht das Mißtrauen an der Schwelle des kleinen Kaffeehauses in der Bankgasse und empfängt dich …

Ich weiß eine Zeit, da war dieses Kaffeehaus noch ein harmloses »Tschecherl«, und seine armselige Existenz bestritt es von dem Erfrischungsbedürfnis der Diener der ungarischen Gesandtschaft. Es erweckte den Anschein, als wäre es eigens für die Zwecke der Gesandtschaft eingerichtet und zu nichts anderem fähig, als dem Neuigkeitsbedürfnis der Unterbeamten mittelst Zeitungen und dem zeitweiligen Durste der Stammgäste und Likörstamperln entgegenzukommen. Freilich! Damals kannte die Zeit noch kein Weißgeld, sondern gute österreichisch-ungarische Währung, und die Gesandtschaft in der Bankgasse hatte von dem gemeinsamen Oberhaupte der Monarchie noch nicht die Berechtigung erhalten, durch die Kanäle Wiens den Kommunismus in die Banken einzuführen. Die Gesandtschaft wollte mehr repräsentieren als zweifelhafte Präsente machen, sie hatte keine Pässe zu vidieren, sondern den Dualismus, und ihr Wirkungskreis war noch beschränkter als der Horizont ihrer heutigen Überwacher. Damals war das Kaffeehaus in der Nähe ein beliebter naher Ausflugsort für Hintertürsteher und -öffner, und manches harmlose, ganz harmlose kleine Geschäftchen wickelte sich zur allgemeinen Zufriedenheit der beteiligten vier Augen und der unbeteiligten zwei des Kaffeesieders ab.

Aber heute! ...

Wie gesagt: Das Mißtrauen steht schon an der Schwelle und empfängt dich: »Suchen Sie wen?« Nein, ich suche niemanden, aber ich hüte mich, es zuzugeben. Natürlich suche ich jemanden. »Haben Sie ›weißes‹?« »Kaufen Sie ›weißes‹?« Der Spekulationsgeist verachtet auch die Erfindungen Bela Kuns nicht und handelt selbst noch mit den Fabrikaten der Hölle. Hier in der Wechselstube in der Bankgasse gibt es wahrhaftig noch Menschen, die Weißgeld kaufen. Ohne Drohungen, ohne Gewaltanwendung, ohne Ukas der Räteregierung. Ihr alle Weißgeldbeladenen, aus Ungarn Kommenden, verzweifelt nicht! Einen blauen Lappen für zehn Kilogramm. Weißpapier kriegt Ihr immer noch! Ihr könnt Euer Weißgeld loswerden, vollkommen loswerden, leichter als jene, die Euch damit begnadet! Oh, gäbe es doch auch eine Wechselstube in der Bankgasse, in der man Volksbeglükkungsideen eintauschen könnte gegen Nahrungsmittel und zehn Kilogramm Kun gegen ein Milligramm Vernunft! ...

In dem »Tschecherl« sitzen:

Slowakische Bäuerinnen mit bunten, ockergelben Blumentüchern; russische Vaganten mit schwarzen hochgeschlossenen Hemden und wilder Anarchie in struppigem Haupthaar; kleine Schieber mit blaukarierten Hemdkrägen und großen Glaskugeln in giftgrünen Krawatten; polnische Juden mit Geschäftsgeist in Augenwinkeln und seidenen Kaftans; ungarische Bauern mit jenem Ausdruck namenloser Stierheit, die menschliche Wesen unbedingt erlangen müssen, wenn sie zehn Jahr lang Paprika fressen und plötzlich keinen Schnaps trinken dürfen; Hausierer mit Briefpapier, in dem Blaugeld steckt; Agenten und Spekulanten; Agitatoren und Makler; kleinere Waffenstillstandsgewinner, die auf einen Krieg hoffen und darauf, nicht ihn, sondern durch ihn zu gewinnen; verzweifelte Kunsegenbeladene, die um einen blauen Pappenstiel ihr hart erworbenes Weißgeld herzugeben bereit sind.

Das sind die Besucher. Hie und da, wie zur Entschuldigung vor dem draußenstehenden Wachmann, zeigen sich die Umrisse einer Kellnerin, die eine in einem Glase »Soda-Himbeer« schwimmende spanische Fliege an einem beliebigen Tisch serviert. An der Wand hängt eine Nummer des »Faun«, die, noch vor dem Kriege entstanden, hier Muße findet, sich zu überleben. Ein »Neues Wiener Journal«, das mindestens acht Monate alt und noch so naiv ist, vom »Endsieg« wissen zu wollen, dient dazu, Weißgeld und Blaugeld unberufenen Augen zu entziehen. Das Klosett und die Telephonzelle erfreuen sich des lebhaftesten Zuspruches. Im ersteren werden Geschäfte geheimer abgewickelt als in diplomatischen Salons, und die Telephonzelle dürfte die einzige in ganz Deutschösterreich sein, in der Verbindungen glatt und ohne Hindernisse hergestellt werden. Ein Handtuch, das in der Nähe der Kassa ein ebenso schmutziges wie nutzloses Dasein nicht führt, sondern geradezu hängt, gibt Zeugnis davon, daß hier Hände nicht häufig in Unschuld gebadet werden. Im Dunst und Staub lebt eine Küche in sorgloser

Vergessenheit, und ein halbzerbrochener, mühsam gekitteter Topf bildet eine kostbare Reminiszenz ...
Aus all dem quirlt der Geist des Kommunismus und des Handelns, sprudelt die Geldgier und frohlockt der Betrug. Hier ist der Ort, an dem der Gegensatz der Rassen und Nationen verschwindet. Hier kann es sein, daß eine slowakische Bäuerin einem polnischen Juden um den Hals fällt. Daß ein Rotgardist einen Wucherer ans Herz drückt. Wer an der Menschheit verzweifelt, gehe in das »Tschecherl« in der Bankgasse und richte sich auf. Wenn die Internationale des proletarischen Gedankens versagt, wenn die Internationale des Geistes in Ohnmacht liegt – nun, es lebt immer noch die Internationale des Weißgeldes und der Spekulation! ...

Der Neue Tag, 18. 7. 1919

Wiener Hoffnungslichter

Die Nachtbeleuchtung der Wiener Cafés

Sie brannten gestern zum erstenmal und offenbarten eine gewisse Eigenschaft, von der man in guter Gesellschaft nicht gern spricht. Um deutlicher zu werden: Sie dufteten nicht ...
Also, die Sache begann so: Um 10 Uhr stellte ein Mann ein Gefäß auf einen Tisch. Ein Gefäß, das man ebensogut für eine Handgranate wie für eine vorsintflutliche Lampe aus dem Tempel der Astarte von Sidon aus dem Jahre 700 v. Chr. halten konnte. Dazu kam eine Leiter, wie sie Zimmermaler zu benützen pflegen. Die Musik brach ab. Eistassen blieben unausgelöffelt. Schwarze wurden kalt. Unter allgemeiner

andächtiger Aufmerksamkeit bestieg der Mann die Leiter. Ein Kellner reichte ihm die Lampe.
Nach fünf Minuten erschien am oberen Lochrand des Gefäßes ein Etwas. Der Ober sagte, das wäre ein Docht.
Und alle glaubten es.
Der Mann auf der Leiter brannte ein Streichholz an. Es verlosch. Ein zweites. Ein drittes. Ein viertes. Ein fünftes. Eine ganze Schachtel.
Der Ober brachte ihm eine neue.
Ich zählte: Beim zweihundertzweiunddreißigsten fing jenes Etwas, von dem ein offenbar phantasiebegabter Kellner gesagt hatte, es wäre ein Docht, zu brennen an. Ein blaues Flämmchen flackerte. Es war kein Zweifel: Die Azetylenlampe war da. Wiens neueste Kaffeehauserrungenschaft. Wiens Nacht- und Hoffnungslicht ...
Es drohte jedesmal auszulöschen. Es war beleidigt. Konnte die noch brennenden protzigen elektrischen Lichter nicht vertragen. Weshalb das Fräulein an der Kasse »Auslöschen!« kommandierte.
Und eh' man sich's versah, war's finster.
Nur die blauen Flämmchen brannten an einigen Tischen und zwei an der Decke. Es war wie im Bergwerk. Eine undefinierbare Gestalt ging von Tisch zu Tisch. Es war der Herr Direktor. Er sagte nicht: Ergebenster! Auch nicht: Habe die Ehre! Und nicht: Küss' die Hand! ...
Er rief: Glück auf!
Die Musik intonierte: In der Nacht, in der Nacht ... An meinem linken Nachbartisch erwachte die Liebe. Es war wie im Kino. Einfach zum Küssen ...
Nur der Mond störte. Ausgerechnet Vollmond! Durch keinerlei Kohlennot gedrosselter Vollmond.
Infolgedessen begann die Musik: Droben, wo die Sternlein stehn ...
Als ich zahlen wollte, fand ich im Lichte der Azetylenlampen

den Ober nicht. Er war seinerseits damit beschäftigt, Gäste zu suchen, deren Verschwinden der erste Segen der neuen Lichtquellen war ...

Auf meinem Rundgang durch die Stadt beobachtete ich die herrlichste Silvesterstimmung. Diese neuen Lampen! Irgendwo hörte ich Champagnerpfropfen knallen. Man begrüßte das neue Licht.

Am Ring saß Goethe und zitierte: Mehr Licht! ...

Im Café Zentral leuchteten die Geistesblitze zur Genüge ...

Im Scheine dieser schrieb ich das Obige ...

Josephus

Der Neue Tag, 13. 8. 1919

Nordbahnhof

Blick Richtung Nordbahnhof

Der kleine Sacher

Vor einem Jahre noch zog ihn ein Karren durch die Straßen. Heute schleppt *er* einen Wagen. Ehemals hatte er überhaupt keinen Namen. Keine Firma. – Er war zwar kein Niemand. Aber ein Irgendwer. Ein Würstelverkäufer. Ein Gattungsexemplar. Heute hat er sogar einen Titel. Mehr: eine Schutzmarke. Noch mehr: Popularität. Er übersprang jene Stufe auf der Leiter eines Würstelverkäuferlebens, auf der man seinen Namen auf ein Schild malt. Aus einem Würstelverkäufer wurde er – aus Hochachtung möchte ich sagen: ward er, also *ward* er ein Sacher. Ein kleiner zwar, aber ein Sacher. Das nenn' ich Karriere.
Ein Sacher hat es nicht notwendig, durch die Straßen Würstel spazierenzuführen. Den Leuten nachzulaufen. Zu einem Sacher müssen die Leute selbst kommen. Deshalb schleppt er seinen Wagen bloß einmal täglich zu seinem »Stand«.

In der Praterstraße. Da sieht es aus wie bei einer ältlichen Chansonsängerin aus einem Varieté zweiter Güte. So ein bißchen puderbestaubte, billige Romantik. Überschminkte – Vorvergangenheit. Erlebnisse, die weit zurückreichen. Ein Alter, in dem man's »billiger gibt«. Ein vor zehn Jahren lebendig gewesenes, seit zehn Jahren steril gewordenes Lächeln um den Mund, das im Begriff ist, aus einer Maske eine Fratze zu werden.

Tagsüber ist die Praterstraße eine sogenannte »Verkehrsader«. Lastfuhrwerke stampfen roh und ungelenk über ihren Boden wie Möbelpacker. Autoräder stolpern über seine Unebenheiten, und Pneumatiks platzen mit scharfem Knall vor Wut über die spitzen Steine. Für den Tag hat sich nämlich die Praterstraße den Nordbahnhof sozusagen als Nebenbeschäftigung genommen. Am Abend ist die Praterstraße zwar nicht gewaschen, aber geschminkt. Ihre Besucher sind: Mädchen für alles, die »Ausgang« haben, in Hüten vom vorletzten Herbst; kleine Kommis mit fabelhaft schillernden Selbstbindern und hartem Hut auf dem linken Ohrwaschel; Gymnasiasten, die Geburtstag feiern und ausziehn, die Liebe zu lernen; kleine, ganz kleine Kettenhändler, Kategorie: »Rucksack«; Pikkolos, die angeblich zum Zahnarzt mußten und einen halben freien Tag haben. Und überhaupt alles, was dereinst Haken werden will und sich beizeiten in der nächtlichen Praterstraße krümmt.

Hier hat der kleine Sacher seinen Stand. Wo denn sonst? Wenn ich nicht wüßte, wo er herkommt, ich würde glauben, der kleine Sacher sei eine patentierte Erfindung der Praterstraße.

Der kleine Sacher besteht aus drei Hauptteilen: Da ist zuerst ein Wagen, dann eine Frau, dann er selbst. Der Wagen hat die Höhe eines Wächterhäuschens und steht auf einem Rädergestell. Man sieht es dem Wagen an, daß er sich aus einem Kar-

ren emporentwickelt hat. Im Anfang waren die Räder. Jetzt sind sie immer noch da.
Die Frau ist groß, stark, blondhaarig, blauäugig. Eine etwas billige Germaniakopie. Ein viereckiger Ausschnitt in der Wagenwand – das Fenster – faßt ihre Blondheit ein. Sie nimmt die Bestellungen der angestellten Kundschaft entgegen und erteilt ihrem Mann Aufträge.
Der kleine Sacher selbst schielt. Das ist wichtig. Andere Wurstzeughändler schauen gradeaus und gehen dabei zugrunde. Oder bleiben bestenfalls Karrenzugtiere. Der kleine Sacher aber vermochte sich alle Vorteile zu erschielen.
Ich hätte die ganze Geschichte nicht erzählt, wenn nicht folgendes passiert wäre:
Zwischen jugendlichen Schieberaspiranten stand ein Mädchen vor der Bude und biß in eine saure Gurke. Sie kostete zwei Kronen. Als sie bezahlen sollte, ergaben sich Komplikationen. Sie kramte in ihrem Täschchen. Etwas lange. Es war nur ein Fragment eines Einkronenscheines darin, mühsam zusammengepickt. Und achtundneunzig Heller in Barem.
Ich sah nicht recht, aber ich glaube, es schimmerte eine Träne in ihrer Stimme, als sie sagte: »Zwei Heller gebe ich Ihnen morgen.«
Worauf der kleine Sacher zwei große, prachtvolle saure Gurkenexemplare in die »Kronenzeitung« steckte und sie dem Mädchen gab. »Sie zahlen mir morgen!« sagte er.
Nichts weiter.
Das Mädchen ging.
Und ich wußte: Der kleine Sacher schielt sozusagen mit dem Herzen ...

»Der kleine Sacher«. Das klingt originell und bescheiden. Anspruchsvoll und zurückhaltend! Nicht – Gott behüte! – der große Sacher! Aber ich, der kleine Sacher, wäre wohl der

Große geworden, wenn jener eben mir nicht zuvorgekommen wäre. Und wenn ich nicht – schielen würde. So bin ich zwar ein Sacher geworden. Aber ein kleiner geblieben.

Josephus
Der Neue Tag, 26. 10. 1919

»Zum lustigen Straßenbahner«

Volkscafé

Die Häuser sind wie schmutzige Kinder in der Fremde, die sich ihrer schlechten Kleidung schämen und scheu zusammenrücken. Sie wagen sich nicht auf die Hauptstraße, sondern drücken sich in Seitengäßchen. An einem solchen Haus – es steht just an der Ecke – klebt, ein bißchen zu sichtbar vorgeschoben, wie ein Schwalbennest an einem Dachfirst ein kleines Kaffeehaus.

Wenn man hineinkommt, sieht man an den Wänden Kleiderregale mit Nickelhaken. Die Nickelglasur ist abgesprungen, und die Haken haben matte Flecke. Sie sehen aus wie erblindete Augen. An den Haken ringsum hängen Zeitungen und illustrierte Blätter. Zerschlissen und schief, machen sie den Eindruck von totgehängten Lebewesen.

Das Kaffeehaus ist schmal und engbrüstig, und die Tischchen mit den Eisenplatten stehen dicht gedrängt nebeneinander und wirken atembeklemmend. Es ist wie eine Volksversammlung von Kaffeehausmöbeln. Alle drängen sich um den eisernen Ofen in der Ecke, der auf einem steinernen Postament steht, wie um eine Rede zu halten. Sein Mund glüht vor Begeisterung.

Der Kaffeesieder hat gute Verbindungen mit Bahnkohledieben – hat einmal jemand am Nebentisch gesagt. Wie löblich ist das vom Kaffeesieder! ...

In diesem Kaffeehaus bekommt man um billiges Geld, um sehr billiges Geld, einen weißen Kaffee. Er ist nicht genauso weiß wie im Frieden. Er ist überhaupt nicht weiß, sondern braun. Aber er heißt »weißer Kaffee«, und also *ist* er es auch. Es geht den Dingen genauso wie den Menschen. Sie sind, was sie heißen.

Den Kaffee trinkt man aus dickbäuchigen Porzellantassen, die mit ihren vielen vernarbten Rissen und Sprüngen geradezu aussehen wie Korpsstudentengesichter. Es gibt bestimmte Tassen, über deren Rand hängt eine braune Milchhaut wie ein goldenes Vlies. Aber das sind nur bestimmte Tassen, und die gelangen an bestimmte Gäste.

Denn im Volkscafé verkehren bestimmte und unbestimmte Gäste. Es ist wie mit den Artikeln in der deutschen Grammatik. Die bestimmten haben vor den unbestimmten außer den gewissen Tassen noch andere Bezüge. Vor allem haben sie Namen, die bestimmten. Der eine ist der Herr Franz, der andere der »Sepp«, der dritte der Herr Wawlicka. Jeder hat einen Namen, und der Kaffeesieder sagt: Guten Morgen, Herr Franz! Oder: Servas, Pepi! Oder: Ergebenster habe die Ehre, guten Morgen zu wünschen, Herr Wawlicka! Denn der Herr Wawlicka ist, wie schon sein Name sagt, Schuldiener.

Interessanter aber sind die unbestimmten Gäste. Denen sagt der Kaffeesieder nichts. Höchstens, daß er ihnen herabfal-

lend zunickt. Worauf die unbestimmten, die zum Unterschied von den bestimmten etwas weiter entfernt vom Ofen sitzen, im Chorus: Guten Morgen, Herr Hassenberger! dröhnen. Denn unbestimmte Menschen sind gewöhnlich demütig und für ein Kopfnicken dankbar.
Ich muß schon sagen, mich interessieren die Unbestimmten mehr. Sie sind interessant wie alles, was noch nicht entdeckt ist. Sie haben keine Bezeichnung, und ich kann mir vorstellen, wie sie heißen: Herr Taglöhner, Herr Pechvogel, Herr Arbeitslos, Herr Schwindsüchtig. Solange ich sie nicht kenne, heißen die Menschen so, wie sie sind.
Ich weiß, daß jener Mann dort, dessen langer, dünner Hals in einem weiten schmutzigen Hemdkragen herumstochert wie ein Federhalter in einem weiten Tintenfaß und vergeblich nach einem Halt sucht, im »Logierhaus« genächtigt hat und nun auf dem Weg ist in die Schulerstraße, wo der »Kleine Anzeiger« offene Stellen zu vergeben hat. Ich weiß genau, daß er ein schmutziges Kuvert aus der Tasche zieht und auf der Rückseite mit einem lächerlich schlecht gespitzten, will sagen: gestumpften Bleistift die Adressen vermerkt. Er schreibt eckig, unbeholfene, gelähmte Buchstaben und drückt dabei das unterste Glied des rechten Zeigefingers so fest auf den Bleistift, daß sein Nagel ganz weiß wird. Dann geht er von Stelle zu Stelle, von einem Bezirk in den anderen, und überall ist schon jemand dagewesen. Der Mann heißt sicher »Pechvogel«.
Und so hat jeder von den »Unbestimmten« eine interessante Geschichte. Und alle Geschichten sind mehr oder weniger traurig.
Außer mir weiß noch jemand im Kaffeehaus alle Geschichten: Das ist nämlich der Pudel Lux, der als Kassier im Volkscafé mit Kost und Quartier engagiert ist und den ganzen Tag zwischen Schnapsgläschen und Saccharin und Backwerken auf dem Kassatisch sitzt.

Der Pudel ist ein Philosoph und ein großer Menschenkenner. Wenn jemand von den »Unbestimmten« sich dem Kassatisch nähert, hebt Lux das rechte Augenlid ein wenig. Dann läßt er es wieder zuklappen, oder er stellt sich plötzlich auf alle vier Beine und beginnt zu schnuppern. Lux ist ein sehr gescheiter Mensch.
Die junge Kellnerin, die Resi, die eine große schwarzlederne Tasche an der Hüfte hat, kann sich auf ihn verlassen. Auch die Resi teilt die Gäste in bestimmte und unbestimmte. Die Unbestimmten müssen sofort den »Weißen« bezahlen. Die Bestimmten rufen selbst: zahlen! und geben ein Trinkgeld. Das größte Trinkgeld gibt Herr Wawlicka, der Schuldiener. Da kam eines Tages einer, der gab ein noch größeres Trinkgeld. Er trug eine lederne Aktentasche und einen Regenschirm. Sein Kragen war nicht sehr blendend, aber immerhin nicht älter als zwei Tage. Und sein Hut konnte ganz gut als Schlapphut gelten.
Im übrigen war er noch jung und hatte ein blondes Schnurrbärtchen. Und seine Hose war gebügelt. Nur die Schnürschuhe waren geflickt. Der kam täglich und gehörte vorderhand zu den »Unbestimmten«: Der Kaffeesieder aber behandelte ihn zuvorkommend, und da er den Namen nicht wußte, verbeugte er sich extra und tief.
Der junge Mann sagte freundlich: guten Morgen!
Eines Tages, es war der Erste, ging der neue Unbestimmte zum Kassatisch, um sich eine Bäckerei zu holen. Lux zog ein Augenlid auf, erkannte in dem Unbestimmten einen Gymnasialprofessor und ließ es sofort wieder zuklappen.
Seitdem sagte der Kaffeesieder: Aller ergebenster Diener, ich habe die Ehre, guten Morgen gewünscht zu haben! Lux muß es ihm mitgeteilt haben, daß der Neue ein Gymnasiallehrer ist. Der Herr Professor bekommt von Resi, der Kellnerin, Backwerk auf den Tisch, er sitzt in der nächsten Nähe des Ofens und zahlt später als alle andern.

Herr Wawlicka, der Schuldiener, hat ein Gefühl wie einem etwas besser gestellten Kollegen gegenüber.
Die Resi bemüht sich sehr, nett zu erscheinen. Vorgestern und gestern hatte sie statt der großen, schwarzen eine kleine, sehr zierliche Spitzenschürze um.
Auch der Herr Professor trägt eine neue Krawatte.
Ich weiß genau, wie die Geschichte sein wird. Im April, wenn der Holler am Gürtel blühen wird, wird der Herr Professor mit Resi sitzen. Er wird ihr aus Rainer Maria Rilke vorlesen. »Die Geschichten vom lieben Gott«. Und vielleicht eigene Gedichte. Der Mann sieht so ganz danach aus, als würde er Verse schreiben.
Und die Resi wird eines Tages einen blonden Buben kriegen. Und dann wird es vielleicht aus sein?
Ich fragte Lux, ob ich recht hätte mit meiner Geschichte.
»Ja, *c'est la vie!*« blinzelte der kluge Pudel. –

Der Neue Tag, 25. 12. 1919

Die Bar des Volkes

In einer Seitengasse der Schulerstraße, in der Annoncenexpedition und Zeitungsbüros wie Schwalbennester an Dachfirsten hart aneinanderkleben, ist die Erste Wiener Suppen- und Teeanstalt. Abseits von der Dampffabrik der Gegenwart birgt sich die Bar der Armen. Kaum hundert Schritte weiter, in einer der nächsten Straßen, dulíöht ein Varieté. Bogenlampen spielen Sonne. Das Varieté hat seine Auslagen: Holzbretter mit Photographien von Menschenfleisch. Auf einem Bild klimmt ein feiner, durchbrochener Seidenstrumpf eine schlanke Beinform hinauf, bis ihn eine ungewisse Wolke aus

Spitzen und Unterrock verschluckt. Und auf einem andern atmet eine weiße Frauenbrust Geheimnisse hinter dem zarten Duft eines dunklen, unendlich weichen Tüllkleides. Und gegenüber ist eine Bar. Eine richtige Bar. Ein leicht beschwipster Klavierklang taumelt auf die Straße, die Häuserfassade entlang. Und die Drehtür ist unaufhörlich in Bewegung. Und hinter der Drehtür ist ein goldbetreßter Götze von Portier ersichtlich. Seine weißen Handschuhe atmen den Duft von unzähligen Parfüms. Seine blonden aufgezwirbelten Schnurrbartenden knicken gleichsam fortwährend zusammen vor Sealskin und Blaufuchs. Ein leiser, unendlich leiser Gläserklang schlüpft durch den Türspalt. Und manchmal fällt auf die Straße ein helles, klirrendes Fragment von einem Fraulenlachen, daß es sich anhört, wie wenn eine kleine, dünne Silbermünze auf das Pflaster rollen würde.
Aber ich will ja gar nicht von dieser Bar erzählen, sondern von der anderen in der Seitengasse der Schulerstraße.
Die Tür ist offen. Blechgeschirre klappern. Links vom Eingang ist der Hahn einer Wasserleitung. Er schließt nicht recht. In gleichen Zeiträumen spuckt der Mund der Wasserleitung Tropfen in den Kessel. Klink! Klink! Wenn man eine Weile zuhört, nimmt es sich aus wie eine Musik. Sehr armselig, primitiv, aber doch eine Musik. Man lernt die Tropfen unterscheiden. Oh, sie sind durchaus nicht alle einander gleich. Der eine ist stark, plötzlich, und er fällt nicht, sondern stürzt sich geradezu mit einem Kopfsprung in den Kessel. Und ein anderer ist jung und zart und schüchtern und traut sich nicht recht in die Mitte, sondern klinkt leise auf den Rand. Und alle zusammen bilden dann eine sehr naive, kindliche Musik, und es klingt, wie wenn man in kleinen Zeitabschnitten auf die sieben Tasten eines Kinderklavierspielzeugs tippt. Das ist die Tafelmusik der Armen.
Langgestreckt, wie gewaltsam ausgedehnt und schmalbrüstig ist der Raum. Die Decke ist hoch und erscheint noch höher, in unendliche Himmelsferne gerückt durch die schwere Schicht

von Dunst, der wie ein Volkshaufen von Wolkenschleiern in der Luft wallt. Es ist wie eine Küchenwolkenmassendemonstration. In einer Dampfwäscherei sieht man nur noch solche Wolkenschwärme. Und irgendwo oben, mitten zwischen Nebelfetzen, von Dunstzipfeln umflattert, schweben drei, vier Glühbirnen, todmatte Glühbirnen, wie Sterne, die am Erlöschen sind. Manchmal bringt ein Luftzug oder die überhitzte Atmosphäre die unsichtbaren Stangen, an denen die Lichtlein hängen, in Bewegung. Und dann sehen die Lampen aus wie irrende Meteore, die einen Weg suchen, um hinunterzufallen. Gehobelte Holztische wie in einem Zeichensaal. Fünfzehn, vielleicht zwanzig Holztische in einer Reihe. An den Holztischen kleben dumpfe Menschenklumpen wie Fliegen, große, wuchtige Feldfliegen auf Fliegenpapier. Und irgendwo, weit vorne, in Dünsten gebadet, schwankt eine Bude aus Holzlatten wie ein Strandwächterhäuschen, das durch eine Überschwemmung ins Meer hinausgespült wurde. Das ist die Kassa, wo man um ein paar Papierfetzen andere Papierfetzen löst. Und dann schwankt man zur Küche, wo ein schwerer, großer Schöpflöffel rastlos pendelt zwischen Kessel und Blechgeschirren.
Irgendwo an einem Eck plumpst man hin und stellt seine Schale vorsichtig, vorsichtig, daß nur ja kein Tropfen in die Luft springt, auf die Tischplatte. Und in der Hosentasche, zwischen dem blauen Schnupftuch und dem Türschlüssel, liegt, steif und unnachgiebig, ein Blechlöffel, ein Zinnlöffel, mit Sommersprossen aus Rost. Mit diesem Löffel schlürft man Suppe und Gemüse. Und wenn man den Löffel vergessen hat, dann trinkt man aus der Schale. Der Löffel ist nur ein von der Kultur der Armut angeflogenes Suffix.
Wenn man seine Augen an den dampfgeschwängerten Dämmer gewöhnt hat, kann man sogar die Menschen sehen, die hierherkommen. Auf kragenlosen, nackten, ausgemergelten Hälsen stecken Köpfe wie zufällig aufgespießt: nicht gewachsen. Die Ohrmuscheln sind knorpelig und durchsichtig; fast

wie aus Pauspapier. Ich weiß nicht, warum Menschen immer so dünne Ohrmuscheln haben. Und die Augen entweder so weit vor, als steckten sie an Stielen und wollten fort aus dem Kopf, um irgendwo in einer Suppenschüssel zu ertrinken. Oder sie liegen so tief in den Augenhöhlen vergraben, als schämten sie sich vor der Öffentlichkeit. Augen, die an Platzfurcht kranken.

Kennt Ihr solche Augen?

Und die Nasen sind plump wie formlose Klumpen aus Knetgummi. Da hat sich niemand Mühe genommen. Und das Kinn ist bei den Männern viereckig und groß wie eine Schiefertafel und bei den Frauen ausgezehrt-spitz und abschüssig wie eine schiefe Ebene. Und die großen Hände, über deren Rükken dicke blaue Stränge gespannt sind wie Stricke zum Wäschetrocknen. Mit den Fingern, die knorpelig sind und knorrig-gichtisch wie Waldwurzeln.

Kennt Ihr solche Hände?

Ein kleines Mädchen sah ich in der Suppen- und Teeanstalt. Ihre Haare waren in unsagbar dünne Mäuseschwänzchen gedreht und um den Kopf gelegt. Es war ein wasserhelles Haar, von jener Färbung, die auch nur Haare der Armen haben können. Nur die Augen waren von einem tiefvioletten Blau, einem reichen, satten Blau. Das Mädchen aß aus einem Topf. Dann ging es fort und trippelte durch jene Straße, in der sich die Bar befindet. Sie sah nicht einmal hinein. Sie lauschte nur eine Weile dem leichtbeschwipsten Klavierklang, der die Häuserfassade entlang taumelte. Und als dann durch eine Fensterritze das Fragment eines Frauenlachens fiel, hörte das Mädchen den Silberklang und bückte sich wie nach einer Münze.

Dieses kleine Mädchen kann sicherlich auch so schön lachen. So hell, daß es klingt, wie wenn eine dünne Silbermünze auf Steinfliesen kollert. Warum lacht es nicht?

Josephus

Der Neue Tag, 6. 1. 1920

Artisten

Manchmal ist die Welt kleinwinzig wie ein Ameisenhaufen, so daß man ordentlich den Respekt vor ihr verliert, und die Schatten vergangener Dinge so groß, daß man ihnen nicht entrinnt und sich stets von ihnen verfolgt weiß. Und oft glaubt man, auf dem Vorwärtsmarsche etwas liegengelassen und vergessen zu haben, und dann, urplötzlich, an einer beliebigen Stelle deiner Landstraße, siehst du es wieder vor dir, als wärest du rückwärts geschritten, nicht vorwärts, oder als hätten verflossene Dinge längere Beine und liefen dir voraus, um sich wie ahnungslose Meilensteine an den Wegen der Zukunft aufzustellen. Ja, die Meilensteine, denen du begegnest, sind gar nicht neu, sind immer wieder die alten, die dich auf Umwegen überholen und vor dir Posto fassen. Haben sie nicht alle das gleiche Gesicht? Lauter Bekannte sind alle Meilensteine.

So geschah es mir, als ich in das Grand-Café in der Praterstraße trat, studienhalber. Alle die Gesichter hatte ich schon irgendwo gesehen. Dieses Kaffeehaus, dessen Decke mit Zigarrenqualm geradezu bestrichen ist wie eine Brotschnitte mit Gänsefett und das vom Eingang nach links und geradeaus sich dehnt und zwei Katheten bildet, eine steckengebliebene Beweisführung für den Pythagoräischen Lehrsatz. Menschen, die an den Wänden und auf dem Fußboden pikken wie Insekten auf Fliegenleim und mit den flatternden, zappelnden Händen wirklich den Eindruck machen, als möchten sie loskommen und könnten es nicht. Glühbirnen, die wie festgenagelte Leuchtkäfer rötlich durch den Qualm blinzeln, als täte ihnen ihr eigenes Leuchten weh. Ein Mann in einer grünen Weste, so grün wie Moorland auf einer geographischen Wandkarte, mit baumelnden, silbernen Haselnußknöpfen und einem Elfenbeinsächelchen an silberner

Uhrkette. Offenbar ein Impresario. Eine Kartengesellschaft an der Wand rechts von der Kassa. Klitsch, klatsch schlagen die Karten auf das grüne Tuch wie wattierte Ohrfeigen. Die Männer in Hüten, offenbar zur Beruhigung ihres Gewissens. Denn was ein tüchtiger Artist ist, der versitzt nicht seine Stunde im Kaffeehaus, sondern kommt immer nur auf einen Sprung, einen Kunstsprung sozusagen, und braucht den Hut gar nicht erst abzunehmen. Bleibt aber dennoch, um seine Zeit im Kaffeehaus zu versitzen, aber den Hut auf dem Kopf, denn er ist, wie gesagt, »auf dem Sprung«.

Die Frauen, meist schon in »Bühnentoilette«, aus Schminkdosen zusammengekleistertes Temperament in den Zügen und Atropinimitation von Leben in den puppenfaden Glasaugen.

Hier traf ich sie wieder, die Gesellschaft aus dem ostgalizischen Kriegsnest, das »Wiener Varieté«, das »erstklassigste Ensemble«, das ich auf meinem Weg liegengelassen hatte und längst verloren glaubte, wie man etwa, von einem Feste heimkehrend, bunte Papierfetzen und herabgerissene Lampions hinter sich läßt, die dann der Wind einem Misthaufen zuführt oder der Regen durchweicht und vernichtet. Ja, denkt euch, hier traf ich sie alle wieder:

Den kleinen Cohn, der sich »Tiberius« nannte und wie ein Nero aussah, den »Direktor« des Ensembles, der nach jeder Nummer im Kaffeehaus der Etappe absammeln ging und das Geld nach seinem Gutdünken unter seinen Leuten verteilte, oder auch nicht.

Claire Clairon, genannt »die Nachtigall von Hernals und Ottakring«, die rührend-falsch die Ballade vom Zigeuner sang.

Hertha-Hertha, mit einer Vergangenheit, derer sie sich nicht zu schämen brauchte: Zirkusreiterin, Dompteuse, und jetzt sang sie jeden Abend »Weine nicht, Hertha, Mädel vom Chantant«, ein Lied, das mit einem hochdramatischen Aufschrei und Hinfall zu enden hatte und das Hertha-Hertha

wie ein billiges Feuerwerk in ein knacksendes Dis explodieren ließ.
Mia Martison, die »Riesenboa«, die in einem leuchtend roten Schwimmkostüm überlange Glieder auf den nie gesäuberten Dielenbrettern des Podiums verzweifelt räkelte und sich wand und krümmte, nicht wie eine Schlange, sondern wie ein personifiziertes langes Gähnen.
Das »tanzende Zwillingspaar«, zwei kleine Frauenzimmer mit unpersönlichen Puppengesichtern, die ihre Beine in die Luft schleuderten, so hoch, daß sie fast Löcher in den Plafond geschlagen hätten und weiß Gott auf welchen Stern geflogen wären, wenn sie nicht durch zierlich-seidene Trikothöschen an den Rumpf genäht wären.
Und natürlich auch »der kleine Diabolo«, eine achtundzwanzigjährige, aber kontraktlich zum Backfischalter verpflichtete Person, mit wirren Superoxydblondlöckchen, die »Tiberius« in die Luft schmiß, daß sie wirbelte wie eine Zigarettenhülse im Sturm.
Und den »Conférencier« Herrn Lund, der einen roten Frack trug, einen Frack, ich sage euch, vor dem man sich gewiß würde bekreuzigen müssen, wenn ihm seine Zirkusmanegevergangenheit nicht den Anstrich des Irdischen gegeben hätte. Herr Lund verkaufte Ansichtskarten an Etappenoffiziere, Ansichtskarten voll kostbarer Schweinereien, das Stück zu einer Krone. Nur jene Karten, auf denen er selbst, Herr Lund, photographiert war, kosteten zwei Kronen. Oh, er wußte sich zu werten! Sein Repertoire war seltsam, wie aus einer Antiquitätengalerie zusammengestellt, sein historischer Wert unschätzbar. Und Herr Lund pflegte sich gar nicht anzustrengen! Er machte Witze mit einer Selbstverständlichkeit, als ob sie neu wären, und er war interessant trotzdem, wie ein altes Räderwerk aus Nürnberg.
Alle, alle traf ich sie wieder im Artistencafé in der Praterstraße.

Mia Martison, die Riesenboa, erkannte mich zuerst nicht, um später, wenn sie mich erkennen würde, ein theatralisches »Ach Gott, wie komisch!« mit Erfolg an den Mann bringen zu können.
Nur Hertha-Hertha fühlte sich verpflichtet, über die schlimmen Zeiten zu klagen, in denen selbst Grafen in die Schweiz reisten, die zu ihr in inniger Beziehung standen.
Alle waren sie gewerkschaftlich organisiert und suchten ihren Obmann, einen »Arbeiterrat«, ja, denkt euch, einen Arbeiterrat! Geschminkt, parfümiert wie Drogerien, mit Halsbindchen, Kettchen, Ringen, Ohrgehängen verdächtig-gläserner Abstammung, suchten sie einen »Obmann«, waren gewerkschaftlich organisiert.
Es geht ihnen schlecht, die Vergnügungsstätten sind zu, man kann nicht »arbeiten«. Und Cohn-Tiberius gibt nichts her. Er hat Geld, der Hund, aber man sieht nichts.
So seltsam nahmen sie sich aus im Kaffeehaus: Rampenlicht entbehrend, Boheme mit Spießerhunger, Zauber in Gulaschtunke, Kunst in Wochentagsmisere. Ihr Reden ist falsch, weil sie keine alten Witze sagen, sondern neue Trauerspiele, und der ganze Aufwand an Schminke, Parfum, Glasgeglitzer, Goldzahnplomben, Superoxydblond, Pathetik, Pelzimitationen und Halbseide ist überflüssig, wenn man einen Obmann sucht und gewerkschaftlich organisiert und arbeitslos ist.
Es ist wie ein Faschingszug nach Aschermittwoch.

Josephus

Der Neue Tag, 25. 1. 1920

Ausflug

Im Schottentor riecht man den Heurigen, der 38er ist beschwipst und taumelt menschenleiberbehangen davon. Im Sonnenglanz perlt Schweißtau auf Rasenrücken. Der Motorführer ist eingekeilt und prustet Sauerstoff wie eine Maschine, HP 76. Rucksäcke, noch schlaff, aber leise schwellend in Erwartung ländlicher Eroberungen. Siebenfach genagelte Bergsteigersohlen auf Mitmenschenhühneraugen basierend. Von der hinteren Plattform dampft Menschenfleisch, Rädertempo beschleunigend.

Vorüber an grünbehangenen Gartenzäunen, die fast die Wagenfenster streifen. Hundegeheul in einem Gehöft. Die sausende Straßenbahn macht einen eingesperrten Pudel rasend. Er glaubt, daß ihn das lärmende rotgelbe Ungeheuer frozzelt. Junges Bohnengewächs kollert frühreif dünne Stangen hinan, will schaun, was oben sein mag. Naseweise Erker ziehen grüne Wildweinlaubschleier vors Angesicht, angstvoll vor Sommersprossen. Ein Gartengitter macht weiße Farbentoilette. Die Ölfarbe dunstet in der Sonnenwärme.

Endstation. Grünes Bedürfnishäuschen mit erhöhten Eintrittspreisen, Schaffner mit Zeitungsblättern, Weltgeschichte zwickend, auf von Hosenböden gescheuerten Holzbänken. Der offene Wagen spuckt Menschen aus. Erster Naturhauch wirkt aufmunternd auf Liebespärchen. Irgendwo fällt ein Kuß wie einzelner Regentropfen in die Stille.

»Café-Restaurant«. Cottage-Kellner, hemdbrustblank, scheitelglänzend, Haarsträhne sorgfältig gezählt, rechts und links mit Pomade, fett wie Schlagobers. Lautlose Handbewegungen. Ihre Finger gehn auf Gummiabsätzen. Der Pikkolo, Baby im Frack, hat blanke rotbraune Backen mit leichtem Pfirsichflaum. Er riecht nach Milch wie ein Säugling.

Eine Fensterecke war von einem Schieberrudel erobert. Überzieher und Röcke mit Gürteln, in denen seltsamerweise keine Handgranaten stecken. Breite Fingernägel schimmern, heute morgen noch vom Friseur poliert, wie Glassplitter herüber. Die Manieren frisch gekauft, knisternd noch und neu; der Ladenpreis baumelt sichtbar daran.
Es sind sechs, sieben. Ihre grünschillernden Krawatten machen Gepolter. Man bestellt Tschoklad. Sieben Tassen Tschoklad.
»Was dazu?!« neigt sich flüsternd der Kellner.
»Sieben Sacher-Torten!« einer sprach's. Er zahlt. Valutabeherrschend, Hand im Hosensack, darin sich die Finger hurtig bewegen wie gefangene Kaninchen. Möbelpackerbeine, auswärts gekrümmt. Wimpernlose Äuglein, die Augenbrauen kaum angedeutet, wie mit schüchternem Kohlestrich.
»Sieben Sacher-Torten!« Der Kellner lächelt, glattgeölte Überlegenheit. »Schani, bring den Herren *Kuchen!*«
Die Herren sind paff. Wollten sie nicht Sacher-Torten? Ihr Benehmen ist gedämpft. Ihre Krawatten sind auffallend still geworden. Der mit den Händen im Sack überlegt: Ist Kuchen Sacher-Torte?
Schani bringt Kuchen. Siebzig Finger zerbröckeln ihn. Tauchen Kuchen in Tschoklad wie Schwämme in Wasser. Endlich gurgelndes Geschlürf. Es klingt wie röchelnde Wassertropfen in einer kaputten Wasserleitungsröhre.
Auf der Landstraße Gesang. »Die Vöglein im Walde.« Gewaltsam konstruierte Harmlosigkeit. Touristenkostüme, wie gemalt. Aus den Frauengeschichten hat der Wind Puder weggeweht. Stadtmenschen in »Feld und Flur«.
Auf grünender Wiese erheben sich plötzlich fünfundzwanzig braune Papiertüten. Durch anbrechende Dunkelheit glimmt rötlich eine Zigarette. Heimkehrer schwanken, Lodenhütchen im Nacken, lustig um jeden Preis, schwer wie beladene Heuwagen zur Scheune, der Haltestelle zu.

Sturm auf Straßenbahn. Geht-net-unter-Dialekt herrscht übermächtig vor. Wiedergurgler schlucken immer noch Heurigen.
Die ersten Straßen sind still, ducken sich aus Angst vor den heimkehrenden Bewohnern. Wie ein toller Schrecken durchfährt die Elektrische eine reservierte Straße. Und der Halbmond lacht hämisch über leberkranke, gelbsüchtige Gaskandelaber.

Josephus

Der Neue Tag, 28. 3. 1920

Praterkino

Vor dem Eingang sprudelt der Herr Portier. Breitgoldene Borte um das Kappenrund leuchtet ihn empor in Amtsregionen. Wäre er barhäuptig nur, erschiene er mir und den andern sehr zu seinem Schaden als personifizierte Dienstfertigkeit. Denn kleingewachsen und untertan ist sein Wesen zahlenden Mächten der Umwelt gegenüber und lichterloh entzündbar an leisem Banknotenknistern. So aber, breitrandige Chargengloriole ums Haupt, erweckt er demütigende Ideenassoziationen wie: »Amt und Würden«, »Zucht und Ordnung«, »Hintertürl und Bestechung«. Dank dieser Amtskappe erhält er auch äußere Berechtigung, zwischen Nur-Jugendlichen und Schon-Sechzehnjährigen zu unterscheiden und der Bartlosigkeit verdächtige Besucher je nach der Höhe des Trinkgeldes in diese oder jene Kategorie mit beamteter Unerbittlichkeit einzureihen. Man kann der Minderjährigkeit entgehen, wenn man aus Rücksichten auf seinen Nebenverdienst zehn »Sporteln« verlangt und also durch Nikotinismus Kinoreife beweist.

Sein: »Prrrogrrrammm« ist ein kurzheftiger Trommelwirbel, den er jedem Besucher entgegenpoliert, und verspricht schon Spannung, Sensation, Aufgeregtheit, täte er selbst nichts mehr dazu. Aber auf den Trommelwirbel folgen Fanfarenstöße, gesprochenes Feuerwerk: »Das rote Aß«, und »Aß« fällt wie zischender Funken aus Loderbrand, daß man glauben muß, ein Loch im Rock bekommen zu haben. »Das rote Aß« ist das unerhörteste Filmzauberwerk sämtlicher Kontinente, in Amerika herausgepulvert mit einem Aufwand an Munition, wie ihn der letzte Weltkrieg gebraucht hat, und enthält in komprimierter Form zweimal hunderttausend Kriminalromanserien; ein Extrakt aus allen Greueltaten der Verbrechergeschichte. Von der Stirn des Herrn Portiers rinnt Begeisterung in Schweißströmen, wenn er die Vorzüge des »roten Aß« mit polternden Zungenlauten vor den staunenden Zuhörern preist.

»Das rote Aß« wird im Praterkino von den Zuschauern gegeben. Slowakische Arbeiter, kleiner Goldreif im linken Ohrläppchen, rotgeblümtes Halstuch, Soldatenhemd, grauweiß geschecktes Gesicht und heraushängende Augenkugeln, gleichsam ohne Zusammenhang mit dem Hirn. Dirnen und Zuhälter, lärmende Schminke auf Backenknochenpolen, bandagierte Hände, verkommene Krüppel. Alle Menschen hier kommen von der Filmleinwand, kommen aus den berüchtigtsten Slums, aus dem Wilden Westen. »Das rote Aß« beginnt vor der Vorstellung.

Glöckchenbimmel, Türen auf, Kommandorufe: Rechts gehn, Fohtöhl links, Menschenfleischdunst krallt sich qualmend um Brust und Hals, Dunkel überrumpelt dich wie übermächtiges Raubtier. Hinter deinem Rücken bereitet sich surrend Unheil vor, bleiches Lichtbündel zuckt aus quadratischer Augenöffnung, fährt scharf und pfeilschnell, Finsternis spaltend, über systematisiertes Gewirr von Köpfen, zeugt mit fahler Leinwand verruchtes Geschlecht verzerrter Schattenteufel. Unerklärliches geschieht, meine Nachbarin von links hält einen rauchenden Revolver, schießt besinnungslos, ist Kellnerin in einer Wildwestschenke, ihr Chef ist der Kinoportier, ja, dieselbe Tellermütze mit dem breiten Goldstreifen – steht er nicht mehr draußen? Nein, Schankwirt ist er in der Nähe der Goldgruben, er verkauft keine »Sport«, sondern lehnt an einem Bierfaß; ha! jetzt habe ich ihn erkannt: So ist er, seine Augen gefielen mir nicht, noch als ich eintrat, sie hatten so eine zwinkernde Bestialität in Stellung und Ausdruck. Natürlich, jetzt weiß ich's: Einen geheimnisvollen Menschen hat er in seinem Oberstüberl verborgen, einen Doktor Diaz, der um jeden Preis das Geheimnis der fabelhaften Munitionserzeugung wissen muß und nun den Detektiv beseitigen will, jenen glattrasierten Menschen mit der zynischen Mundfalte und dem Aha-weiß-schon-Blick, der sich vorhin bei der Kassa einen Fohtöhlsitz kaufte. Sein Freund aber ist der »kleine Bär«, ein ungemein geschickter Mensch, der soeben noch, bürgerlich solide in Haltung und Winterrock, Plätze angewiesen hat und dem ich nie zugetraut hätte, daß er von dem Rücken eines galoppierenden Rappen auf den höchsten Zweig eines Baumes springen kann, um den Detektiv zu retten. Die Freundin aber, ich weiß schon, jetzt entspinnt sich ein Liebesverhältnis, jene Blondine, blaß, Lockenkopf, rührend-weiblich und männlich-mutig, die – sitzt sie nicht zwei Reihen hinter mir? Ach, die Arme hockt in einer Felsenhöhle, sie wird wohl erst bestenfalls im vierten Akt herauskommen können, und bis dahin ist ihre Munition längst verpfeffert. Und das alles wegen des Schankwirts! Der Teufel hole den Kinoportier!

Ein blutlüsterner Indianer, braunglänzend, ich rieche seinen Juchtendunst, kriecht gewandt auf allen vieren, duckt sich, lugt aus, seine Augen, Gott! wo hab' ich die schon gesehn? Das ist der slowakische Arbeiter mit dem Goldring im Ohrläppchen; wo der nur so schnell die Indianermontur herhat,

möcht' ich wissen. So ein Vieh, von dem elenden Diaz gekauft! Ha! jetzt hat sie ihn getroffen. Dieser Slowake stirbt wirklich wie ein Indianer.
Ein wuchtiger Hieb auf ein Trommelkalbfell begräbt die restlichen Töne der Musik. Im Hintergrund zischt es, giftige Schlange oder so. Licht bricht aus zehn Birnen in die Welt, neben mir die Kellnerin, vor mir der Detektiv, der »kleine Bär« ruft: »Nächste Vorstellung acht Uhr abends«, sein Winterrock ist gar nicht beschädigt von der selbstmörderischen Kletterei. Aus aufgeplatzten Türen strömt Masse in zweitem Aggregatzustand, und draußen steht immer noch der heimtückische Schankwirt als Kinoportier verkleidet und trommelt Prrrogrrrammmwirbel ...
Der slowakische Arbeiter verliert sich irgendwo im Pratergebüsch, wo er herumspionieren will. Heute Nacht noch stirbt er einen Indianertod.

Josephus

Der Neue Tag, 4. 4. 1920

Das Café der elften Muse

Das *Artistencafé* liegt in der Praterstraße, nicht zufällig, sondern schicksalsgemäß, ein Ausläufer des Volkspraters. Stellungslose Artisten und solche mit Engagement verkehren im Artistencafé. Sie ruhen hier aus von den Mühen ihres Berufes. Hier dürfen sie sich den Neigungen, den Temperamenten hingeben. Hier brauchen sie ihre Natur nicht zu verleugnen. Der Clown darf sich auf einen Stuhl setzen, ohne vorher zehnmal herunterzufallen. Dem Schlangenbändiger ist gestattet, seiner natürlichen angeborenen Furcht vor bissigen Hunden freien Lauf zu lassen. Es darf der Seiltänzer auf

ebenem Boden ausrutschen und der Bauchredner seine Kehle zum Sprechen benützen. Ich sah, wie ein Jongleur eine Mokkatasse fallen ließ, sah, daß sie zerbrach, aus gewollter Ungeschicklichkeit. Abend für Abend läßt er zehn, zwanzig Teller aus Porzellan durch die Lüfte wirbeln und fängt sie mit zwei Händen auf. Einmal im Leben möchte er gerne ungeschickt sein.
Morgens, mittags, abends – immer ist das Artistencafé besucht. Tänzerinnen warten hier auf das Glück, das ein Varietédirektor zu sein pflegt. Tief in die wohltätig schattende Nische gedrückt, harrt eine ältliche Zirkusreiterin ihrer ritterlichen Auferstehung in der Manege entgegen. Und ein Telepath, kurzsichtig, mit doppeltem Augenglas, einen Zwikker vor die Brille haltend, greift zur Zeitung, um den Leitartikel zu erraten. Und ein Dresseur hat seinen Affen mitgebracht, ein kleines Äffchen.
Am Abend kann es Mokka trinken aus zierlich mit Daumen und Mittelfinger gehaltenem Täßchen. Hier in diesem Kaffeehaus übt diese Künste der Dresseur aus. Der Affe aber, im Café vom Kaffee beurlaubt, hockt auf dem Boden, jeden Gedanken an kontraktische Zivilisation hat er aufgegeben.
Die meisten Besucher sitzen nicht wie gewöhnliche Kaffeehausgäste an Tischen, brav, von ihren Regenschirmen abgelegte Inhaber. Die Gäste dieses Kaffeehauses wandern fast unaufhörlich herum – von Tisch zu Tisch, auf die Straße hinaus und wieder zurück. Sie haben eine Besprechung, sie erwarten einen Freund, die Besprechungen sind Konferenzen in Bewegung, peripathetische Konferenzen, und die Freunde sind unpünktlich. Man wartet einen halben Tag auf sie.
Man spielt auch Karten. Sie klatschen auf den Tisch, Pappendeckelohrfeigen. Man verliert, man gewinnt.
So ist das Leben.
Der Groteskkomiker, erkennbar an Runzelreichtum seines lustig-traurigen Angesichts, wie ist er hier gesucht einfach,

wie naiv natürlich die müde Bewegung seines Knies, dessen allabendlich dreifach komplizierte Biegung zu kunstvollem Sprung eine zahlreiche Familie ernährt.
Der kühne Feuerschlucker, der von der Flamme in den Mund lebt – wie stellt er hier erschrocken die Schale, an der er kaum genippt hat, auf den Tisch, weil ihm der Tee fast die Lippen verbrannt hätte.
Von vielen begrüßt, tritt ein Mann ein, kein Artist, ein Gönner, ein Gott, er kann grausam sein und gütig, er ist ein Unternehmer, er sucht Material. An allen Tischen geht er gleichmütig vorbei. Die hier sitzen, sind vergeblich schweigsam geworden. Auf einen *Neger* geht der Gewaltige zu, einen glücklichen Schwarzen findet er, einen Neger, der auch im Kaffeehaus Neger ist, seine Hautfarbe ist eine natürliche Attraktion, jederzeit und an jedem Ort wirksam.
Wie gern möchte der Liliputaner ebenfalls seine »Stellung verändern«. Groß erscheint ihm die kleine Welt und eng sein gegenwärtiges Tätigkeitsfeld. Seit zehn Jahren lebt er im Prater. Zwanzig Jahre kann er noch gut leben. In diesen zwanzig Jahren könnte man Paris, London, New York sehen, als kleiner Zwerg in einem großen Unternehmen. Andre Zwerge, die glücklicher waren und Weltbummler werden durften, konnten auch nicht mehr als klein sein.
Und leben doch besser. Und sehen die Riesenstädte der Erde, die so unermeßlich ist.
Manchmal, verlockt von dem beruflichen Lächeln einer wartenden Tänzerin, tritt ein Unbefugter in das Café, ein Bürger, Abenteuer witternd. Oh, der Naive! Er glaubt, das Lächeln, das dem Zuschauer gilt, hätte dem Mann gegolten. Diese Damen leben vom Lächeln. Von der Freundlichkeit ohne Zweck. Sie sind achtbar, keusch und streng gesittet wie deine Töchter, abenteuerlustiger Mann. Niemals erreichst du hier die erwartete Gunst. Hier sitzen (metaphorisch verstanden) Damen ohne Unterleib.

Plötzlich ertönt lieblicher Nachtigallenschlag. In welcher Lüsterkrone sitzt der Vogel der Liebe? Es läßt ein Vogelstimmenimitator seine Kunst vernehmen. In Pausen von fünf, sechs, zehn Minuten schlägt er an. Eine Lerche fällt ein mit schmetterndem Jubel. Ich vermute: Er hat einen Vorschuß bekommen, der Zwitschkerer. Also singt er, wie der Vogel singt. Unsereiner trinkt einen Schnaps in solchen Fällen. Der Vogelstimmenmensch läßt einen sommerlichen Waldeschor ertönen.

Die Gäste des Cafés schlürfen Sommerfrischenluft. Blau wie der Sommerhimmel breitet sich der Plafond über den Häuptern. Zwischen den Kaffeehaustischen sprießt saftiges Grün.

Josephus

Neues Acht-Uhr-Blatt, 19. 7. 1923

II
WIENER SYMPTOME

In und außer Dienst

Das war schon in der Monarchie ein Unterschied:
Im Dienst konnte man z. B. ein Auge zudrücken. Außer Dienst durfte man sogar beide offenhalten.
Im Dienst sagte man: Sie und Schweinehund. Außer Dienst war man selbst einer und per du.
In der Republik gibt es auch: in und außer Dienst. Sowohl *punkto:* Schweinehund als auch *punkto:* Auge zudrücken. Böse Zungen sagen, in der Republik würde man sogar beide Augen zudrücken. Aber sicher ist nur, daß wenige beide offenhalten ...
Dennoch hielt ein Arbeiterrat auf der Westbahn beide Augen, während er die Reisenden revidierte, offen, und zwar in dem Übermaß, daß ein anderer Arbeiterrat, der außer Dienst war und im Vertrauen auf seinen Titel Butter hereinbringen wollte, von dem ersteren angehalten wurde. Zwischen beiden entspann sich folgender Dialog:
»Sö, dös geht net.«
»Oba, was willst?«
»Nix du', jetz'n bin i im Dienst.«
»Wannst mir d'Butter wegnimmst, kriagst deine fünf Kilo bei der Mutter net mehr!«
»Na, dann geh zua!«
Es hatte sich herausgestellt, daß der schmuggelnde Arbeiter eine Greißlerin zur Mutter hatte, die dem revidierenden Arbeiterrat fünf Kilo Butter in regelmäßigen Zeiträumen so hintenherum abzugeben pflegte. Ein böser Zufall fügte es, daß just dieser Arbeiterrat jene Butter konfiszieren sollte, die ihm selbst hätte zugute kommen sollen. Seine eigene Strenge strafte ihn. Sein Ich in Dienst nahm Stellung gegen sein Ich außer Dienst. Der tragische Konflikt war gegeben. Die Katastrophe unterblieb, weil der Anlaß aus Butter bestand. Denn

mit der Butter ist das so eine heikle Sache: Man darf sie nicht im Rucksack führen, man muß sie aber doch haben – außer Dienst. Man soll sie konfiszieren – im Dienst. Man darf sie nicht fünfkiloweis bei einer Greißlerin beziehen. Man soll sie ihrem Sohn aber wegnehmen. Denn dieser führte sie im Rucksack. Sie wäre ihm wirklich abgenommen worden, wenn jener sie nicht – am Kopf gehabt hätte. –

Josephus

Der Neue Tag, 17. 8. 1919

Seifenblasen

Ich habe Kinder gesehen, die Seifenblasen aufsteigen ließen. Nicht im Jahre neunzehnhundertunddreizehn, sondern gestern.
Es waren richtige Seifenblasen. Ein Fläschchen voll Seifenschaum, ein Strohhalm, zwei Kinder und eine stille Gasse im Sonnenglanze eines Sommervormittags. Die Seifenblasen waren große, wunderschöne, regenbogenfarbige Kugeln und schwammen leicht und sanft durch die blaue Luft. Kein Zweifel: Es waren richtige Seifenblasen. Nicht aus den Tümpeln der Kriegsleitartikel, der Vaterlandspartei, der Pressequartiere aufgestiegene Seifenblasen patriotischer Phraseologie, sondern wunderschöne, regenbogenfarbige Seifenblasen.
Ich denke an die vielen Seifenblasen, die wir platzen sahen, während der ganzen langen Zeit, da Kartensystem und Kettenhandel sich der Seife bemächtigt hatten und die Fabrikation der Seifenblasen aus den Mündern der Kinder in die Mäuler der Siegfriedler und Politiker übergegangen war. Da war die Seifenblase des ukrainischen Brotfriedens, die Seifenblase von Brest-Litowsk, vom »verjüngten Österreich« und schließlich die vierzehn großen Seifenblasen Wilsons, die in Versailles an Clemenceau anstießen und zerplatzten. Wir hatten inzwischen die gnädige Erlaubnis erhalten, uns an jene Strohhalme zu klammern, mittelst derer die Seifenblasen hergestellt wurden. Oh, es war eine traurige Zeit!
Ich weiß, es werden immer noch Seifenblasen dieser Art aufsteigen. Seifenblasen der Weltrevolution, der Proletarierdiktaturen. Aber seitdem ich die echten, die wunderschönen regenbogenfarbigen Seifenblasen gesehen habe, blicke ich spöttisch und überlegen auf jene.

Denn die Zeit ist wieder gekommen, da aus Kulturbedürfnissen Kinderspielzeug werden. Die logische Konsequenz, die daraus zu ziehen ist: daß sich die Politiker nicht mehr mit Kulturbedürfnissen befassen sollen. Vielmehr mit dem Dreschen der Strohhalme, die nötig sind, damit *Kinder* Seifenblasen erzeugen.
Nicht Politiker.

Es wird eingestiegen

In die Züge nämlich. In die Züge der Südbahn, wenn zufällig kein Streik ist. Und zwar wird durch die Wartesäle eingestiegen. In welche Züge? In die Züge Nummer 31 und 35.
In der Südbahnhalle prangt die schöne Stilblüte: »In die Züge 31 und 35 wird durch die Wartesäle eingestiegen.« Man kann gerade nicht behaupten, daß diese Tafel an Deutlichkeit etwas zu wünschen übrigließe. Wann und wohin die Züge 31 und 35 abgehen? Natürlich, wann und wohin sie wollen. Hauptsache ist: das Durch-die-Wartesäle-Eingestiegen-werden.
Wie prächtig sich doch die deutsche Grammatik auf Wiener Verhältnisse anwenden läßt! Wo erscheint die leidende Form mehr angebracht als in der Südbahnhalle? In Wien streikt man nicht. Es wird gestreikt. In Wien verkehrt man nicht. Es wird verkehrt. In Wien fährt man nicht. Es wird gefahren. Hier steigt man nicht ein. Das ist eine physische Unmöglichkeit. Es wird in der Menge Tausender Passagiere eingekeilt, erstickt, erdrückt, geohnmachtet, gewartet: schließlich aufgemacht, geschoben, getragen, gehoben; und zum Schluß eingestiegen. In Anbetracht des betrübenden Umstandes, daß es nur wenigen gelingt, alle die leidenden Formen der deutschösterreichischen Grammatik bis zur letzten, das heißt: eingestiegen werden, durchzuhalten, schlage ich folgende Tafel vor:

»Vor dem Eingestiegen-werden in die Züge 31, 35 wird durch die Wartesäle des Südbahnhofes gestorben.«

Josephus
Der Neue Tag, 10. 9. 1919

»Die Albertina«

Die Folgen

Ein Kellner trug eine Tasse Tee über die Straße. Ein dreimal gewendet aussehender, herabgekommener Fixbesoldeter kam dem Frühstück in den Weg und war so überrascht von dem langentbehrten Anblick, daß er, offenbar aus dem Wunsche heraus, von der Teetasse getrunken zu werden, an diese anstieß und sie dem Kellner aus der Hand schlug, so daß sie aufs Pflaster fiel und klirrend zerschellte. Darob Streit zwischen dem Kellner und dem Fixbesoldeten. Der Kellner behauptete, der dreimal gewendete Herr müsse zahlen. Dieser, daß eine über die Straße lustwandelnde Teetasse öffentliches Ärgernis errege, insbesondere, wenn die Gefahr besteht, daß ein Fixbesoldeter ihr begegnen könnte. Unter den Wienern, die zur Stunde, da dies geschah, sozusagen zur Arbeit eilten, bildeten sich zwei Gruppen, die den Fall der Teetasse lebhaft diskutierten. Die einen schrien, der Herr müsse das ruinierte Frühstück bezahlen. Die andern hielten dawider, daß einem ruinierten Herrn viel eher ein Frühstück bezahlt werden müßte. Der Streit tobte mit unausgesetzter Heftigkeit etwa fünf Minuten. Plötzlich fiel das Wort »Tepp, blöda« mit dumpfem Knall in das Tosen des Streits. Der also Getroffene wich nicht, sondern erhob die Rechte, wog sich ein paarmal hin und her und schleuderte schließlich ein kräftiges »Rotzbua!« zurück. Unter den Wienern, die zu jener Stunde sozusagen zur Arbeit eilten, bildeten sich zwei Gruppen: die eine für den Teppen, die andere für den Rotzbua. Der Fall komplizierte sich zu einem gordischen Knoten. Da kam seltsamerweise ein Wachmann und erklärte beide Schützen für verhaftet. Die Teetasse, deren Scherben noch auf dem Pflaster lagen, hieß er zurückbleiben. Der Fixbesoldete und der Kellner waren verschwunden. Verhaftet wurden zwei Wiener, die sozusagen zur Arbeit geeilt waren. Denn so ist der Lauf jedes Wiener Geschehens: Die Ursachen verschwinden, und die Folgen ziehen sich in die Länge. Scherben hinterläßt jedes Ereignis. Einer zerschlug eine Tasse, und der andere wollte sie bezahlt bekommen. Zwischen beiden entspann sich ein Streit. Aber die Logik der Wiener Lokalchronik fügt es, daß zwei andere verhaftet werden. Die Folge der Existenz eines Fixangestellten und einer Teetasse war ihr Fall, die Folge des Falles ein Rechtsstreit, die Folge des Rechtsstreites das Verschwinden seiner Urheber, und da diese nicht mehr waren – mußten natürlich zwei andere streiten. Überflüssig war nur der Wachmann. Aber sollte er etwa dort erscheinen, wo er *notwendig* ist? …

Nein!

Denn ein Wachmann ist, wie schon sein Titel besagt, ein Mann, der bewachen soll. Nun wäre z. B. das Friedrichspalais an der Albrechtsrampe zu bewachen. Es enthält zahlreiche wertvolle Gemälde und andere Kostbarkeiten. Und solange die Monarchie war und der Erzherzog Friedrich, machte der Wachmann seinem Titel Ehre und stand vor dem Friedrichspalais. Ich dachte, das wäre eine Ehrenwache. Denn der Wachmann vor dem Friedrichspalais schien mir noch – sagen wir: wachmännischer – als seine Kollegen. Seine weißen Handschuhe hauchten Festlichkeit. Seine Metallknöpfe glänzten Würde. Seine Haltung war die eines Kandelabers. Er war gewiß eine Ehrenwache.

Aber einmal war der Erzherzog Friedrich weg, und der Wachmann stand dennoch vor dem Palais. Aha! dachte ich, er bewacht also doch die Schätze!

Seit der Einführung der Republik ist der Wachmann verschwunden. Zwar sind ja wertvolle Gemälde und Kostbarkeiten geblieben. Aber Friedrich ist fort!

Der Wachmann war doch eine Ehrenwache. Warum war er aber auch in Friedrichs Abwesenheit auf seinem Posten gestanden? Eben *nicht* als Ehrenwache, sondern als Bewachungsposten. Denn solange Friedrich Erzherzog war und die Monarchie eine Monarchie, mußte man Schätze bewachen. Jetzt, denkt die Behörde, da der Erzherzog – Friedrich ist und die Monarchie Republik heißt, können sie uns gestohlen werden. Um sich republikanisch zu erweisen, schaffte sie den Ehren- und Bewachungsposten vor dem Friedrichspalais ab. Den Friedrich konnte man noch zur Not bewachen. Die Schätze nicht. Würde man diese bewachen, so würden die Leute glauben, man bewache jenen. Mit Recht: Denn wann hätte man schon in Wien etwas Wertvolleres als einen Friedrich bewacht? Doch nur, nachdem es gestohlen worden war! …

Josephus

Der Neue Tag, 28. 9. 1919

Divergenzen

Ohne die Uhr am Stephansplatz wäre ich kein Schriftsteller. Die Stephansturmuhr ist eines meiner unumgänglich notwendigen Schriftstellerrequisiten. Wenn ich schon gar keinen Stoff habe, so gehe ich zu meiner Stephansturmuhr. Sie hat immer irgendeine Liebenswürdigkeit für mich parat in ihrem Uhrgehäuse. Ich besuche sie regelmäßig, ungefähr wie man eine alte Tante besucht, von der man weiß, daß es nicht ganz richtig mit ihr ist, daß sie aber dennoch irgendwelche Leckerbissen im Schrankfach hat.
Es ist immer irgendwas kaputt an der Stephansuhr. Sehr oft steht sie, manchmal geht sie falsch, fast immer zurück, als sehnte sie sich nach vergangenen, guten alten Zeiten. Seit einigen Wochen hat sie eine gar wunderliche Laune: Ihre linke Gesichtshälfte, dort, wo die Ziffern immer so wunder-

voll springen, kümmert sich einen Schmarrn um die rechte, auf der das Ziffernblatt mit den Zeigern angebracht ist. Künden die Zeiger rechts halb zehn, so sagen die Ziffern links dreiviertel neun. Ich glaube, die gute Tante Stephansuhr weiß ganz gut, was sie will. Als ein Wiener Symbol fühlt sie die Verpflichtung, ein Wiener Symptom zu werden. Sie kündet nicht die Zeiten der Stunde, sondern gleich die der ganzen Zeit. Sie spielt Verordnung und Erfolglosigkeit, Erlaß und Widerruf, Nachricht und Dementi. Sie sagt: Nur nicht alles gleich ernst nehmen in Wien! Es kommt immer ganz anders …

Josephus

Der Neue Tag, 8. 11. 1919

Verwirrung

Der Gasautomat ist ein bescheidenes Möbelstück. Er birgt sich im Vorzimmer, hinter der Tür, schwarzlackiert und unscheinbar und nur mit einem Messingstreifen als schüchterner Verzierung auf der Stirn.

Der Gasautomat hat einen Mund. Eine schmale Ritze. Mit diesem Werkzeug pflegte der Automat Sechserln aus Nickel oder Eisen zu verschlingen. Die Köchin machte sich immer im Dunkel des Vorzimmers zu schaffen. Sie suchte den Mund des Gasautomaten. Es war ein zärtliches Verhältnis zwischen der Köchin und dem Gasautomaten.

Wenn der Automat hungrig war, verdunkelte sich plötzlich das Zimmer. Die Gaslampe begann grünlich-gelb zu schimmern wie einer, dem es schlecht wird. Das feinkarierte Netz im Zylinder wurde mit allen Fäserchen sichtbar wie die Kulisse in der Oper, wenn Gretchens Bild am Spinnrad

dahinter erscheint. Die Gesichter der Menschen waren wie von einem überirdischen, seltsam mystisch-grünen Scheinwerfer übertüncht. Selbst der Kanarienvogel zwischen dem Rhododendron und der Fensternische begann angsterfüllt zu zwitschern, schlug mit den Flügeln und machte einen Wind. Es war ganz wie bei der Sonnenfinsternis.
Die Damen begannen in den Täschchen zu kramen, die Herren steckten sämtliche greifbaren Daumen und Zeigefinger in die Westentaschen. Irgendwo erschien auf dem Tische ein Sechserl. Die Tochter des Hauses verschwand im Dunkel des Vorzimmers. Ein klapperndes Geräusch zeigte die Vollendung ihres Sündenfalles an. Die Köchin barst vor Eifersucht.
Alles das hat sich nun seit einiger Zeit geändert. Der Mangel an Sechserln veranlaßte die Direktion der städtischen Wasserwerke, die Gaspreise zu erhöhen. Man müßte nun eigentlich eine Papierkrone in den Mund des Automaten stecken. Der aber will von einer Krone nichts wissen. Er kann *die* Valuta nicht verdauen. Er will immer noch nur ein Sechserl, das mehr wert ist als eine Krone.
Früher pflegte ein Mann mit einem rätselhaften Schlüssel und einer großen Bierträgertasche zu kommen. Er kniete vor dem Gasautomaten und pumpte ihm den Magen leer. Alle Sechserln wanderten in die Tasche. Die Verdauung des Gasautomaten war geregelt.
Nun ist die Kasse offen. Der Gasautomat läßt sich betrügen. Es ist eine Schmach.
Man wirft ein Sechserl hinein, der Automat glaubt daran und funktioniert gewissenhaft.
Aber dann holt man unten das Sechserl wieder heraus und steckt es wieder in den Mund des Automaten.
Nach einem Monat kommt ein Mann mit einem Bleistift und einer Rechnung. Er zählt am Bauch des Automaten ab, wie oft dieser getäuscht wurde, und kassiert die Zahl der illusorischen Sechserln in Kronenwährung ein.

Ein Kubikmeter Gas kostet eine Krone, der Automat gibt ihn aber nur für ein Sechserl her. Aus Dankbarkeit entlockt man diesem immer wieder sein Geld und zahlt es dafür in Kronen einem Dritten. Ein Kubikmeter Gas kostet also in Wirklichkeit ein Sechserl, das heißt weniger als eine Krone. Eine Krone will der Automat nicht, weil ein Sechserl mehr ist als eine Krone.

Oh, welche Verwirrung! …

Josephus

Der Neue Tag, 27. 11. 1919

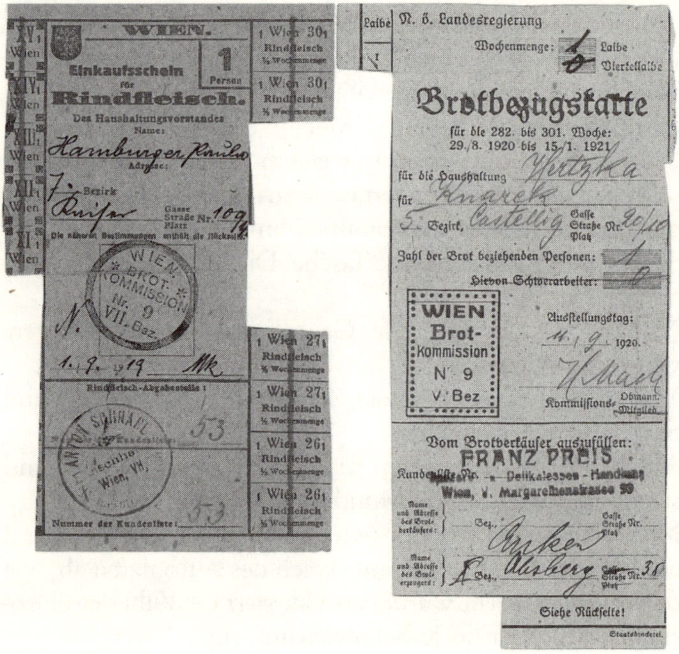

WIEN.
Einkaufsschein für Rindfleisch.
1 Person
Des Haushaltungsvorstandes Name:
Adresse:
Bezirk
Gasse Straße Platz Nr.
Die näheren Bestimmungen enthält die Rückseite.
WIEN BROT-KOMMISSION Nr. 9 VII. Bez.
Rindfleisch-Abgabestelle:
Nummer der Kundenliste:
1 Wien 30 Rindfleisch ½ Wochenmenge
1 Wien 27 Rindfleisch ½ Wochenmenge
1 Wien 26 Rindfleisch ½ Wochenmenge

N. ö. Landesregierung
Wochenmenge: Laibe Viertellaibe
Brotbezugskarte
für die 282. bis 301. Woche: 29./8. 1920 bis 15./1. 1921
für die Haushaltung
für
Bezirk, Gasse Straße Platz Nr.
Zahl der Brot beziehenden Personen:
Hievon Schwerarbeiter:
WIEN Brot-Kommission N. 9 V. Bez
Ausstellungstag: 1920.
Kommissions-Obmann. Mitglied.
Vom Brotverkäufer auszufüllen:
FRANZ PREIS Delikatessen-Handlung Wien, V. Margarethenstrasse 99
Kundenliste-Nr.
Name und Adresse des Brotverkäufers: Bez., Gasse Straße Platz Nr.
Name und Adresse des Broterzeugers: Bez., Gasse Straße Platz Nr.
Siehe Rückseite!
Staatsdruckerei.

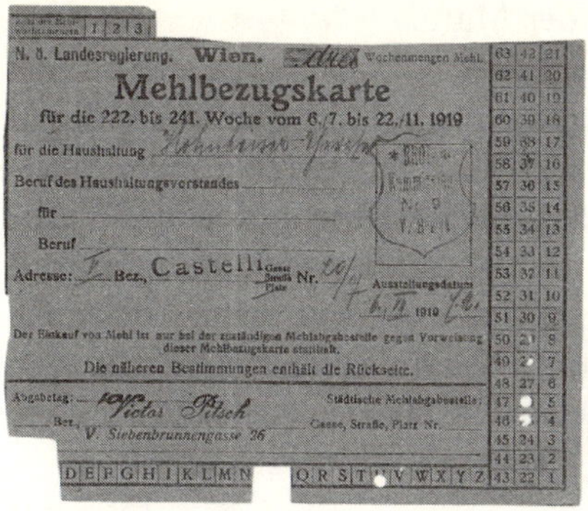

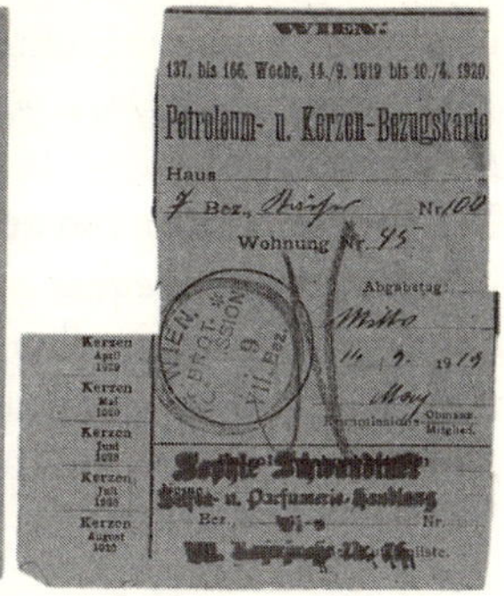

»A Jour«

Die Lebensmittelkarte kennt ihr doch? Es ist ein Karton mit Buchstaben und Ziffern.
Die Buchstaben haben nicht etwa didaktische Zwecke, sondern werden bei verschiedenen Gelegenheiten mit der Schere ausgeschnitten. Zum Beispiel: wenn man städtische Marmelade oder andere Lebensmittel ausgibt.
Die *Wiener* Lebensmittelkarte erkennt man nicht nur daran, daß sie den Aufdruck »Wien« in der Mitte trägt, sondern – an ihren Löchern.
Diese Löcher entstehen, wenn man Buchstaben ausschneidet.
Und aus den Wiener Lebensmittelkarten werden die Buchstaben in einer ganz merkwürdigen Reihenfolge geschnitten.
Man hat z. B. soeben eine neue Lebensmittelkarte »gefaßt«.
Sie hat noch alle Buchstaben und kein einziges Loch.
Aber da wird städtische Marmelade angekündigt. Und zwar »gegen Abgabe des Buchstabens: M«.

Der Buchstabe M ist in der Mitte.
Und nächstens wird ein anderes »städtisches« Lebensmittel ausgegeben. Und zwar »gegen Abgabe des Buchstabens: R«. Ausgerechnet.
Man beginnt immer in der Mitte. Den Leitspruch des Wiener Magistrats: *In medias res.*
So eine Lebensmittelkarte muß man sich dann anschauen. Brüssler Spitzen sind nichts gegen diese Ajourmuster.
Ich wollte nämlich nur sagen, wie man Wiener Lebensmittelkarten agnosziert.

Josephus

Der Neue Tag, 14. 3. 1920

Das erwachte Kunstgewissen

Was ist ein Museum? – ein »Inschtitut«. Was ist ein Kunstwerk? – ein G'spaß. Und was ist ein Künstler? – ein »Individium« ...

Der Wiener fand vollste Befriedigung seiner Schaulust in der Bühnenkunst. Was ging ihn die Malerei an, wenn sie sich nicht mit Grünzeugwarenschildern befaßte? Ein Bildhauer ist ein Tepp! Die Hausmasterin hot's g'sogt! – Weitab von Ringelspiel, Grottenbahn, Riesenrad, »ich möcht' noch amol in Grinzing sein«, Gschwandiner, Kaisergarten, Hollodrioh und Duliäh liegt das Kühle, Vornehme, Reserviert-Unverständliche. Jenseits der Grenze der Vernunft herrscht eine volksfremde Kunst, eine Kunst ohne Bühnentürl. Irgendein Reifes hat die G'schicht angelegt. Für G'studierte, versteht sich. Und das Wertvollste am Hofmuseum ist der Burgschendarm gewesen ...

Soll man weinen oder lachen? Seitdem die Friseure am Sonntag gesperrt haben, geht der Wiener, wenn er sich fern von Krieg und Kriegsgeschrei hält und nicht mit Pflastersteinen vor dem »Wiener Journal« für den Anschluß kämpft, ins kunsthistorische Museum. Er schaut sich die von den Italienern requirierten Bilder an. Um die *Bild'l in den Inschtituten* scherte sich keiner. Für die *geraubten Kunstschätze* schlagen die Herzen aller.
Die Leute stellten sich an. Denn: Kannte man nicht, was man besessen, so will man wenigstens kennen lernen, was man verliert. Neugier und Empörung beflügeln selbst den Schritt des kunstfremdesten Spießbürgers. Seht jenen Herrn dort mit dem biederen Habig und dem unvermeidlichen Regenschirm! Saß er nicht stets um diese Zeit beim Rockenbauer und unterhielt seine Stammtischgenossen über Wülson? Was scherte er sich um Museen? Genügte ein Panoptikum nicht vollends seinen musealischen Bedürfnissen? Heute ist er Kulturträger, dem der Feind einen Kulturschatz rauben will, der Idealist, dem man das Objekt seines Ideals, der Cornet, dem man seine Fahne, der Priester, dem man seinen Altar, das Volk selbst, dem man sein Nationaleigentum nimmt ...
Kataloge, unnützes Papier, das in Stößen an der Kasse auflag und das ein Fremder höchstens kaufte – heute sind sie »gangbare Artikel« wie Stärke und Backpulver. Der Greißler vom Eck kauft sich gleich mehrere, erstens um sich über die gefährdeten Bilder zu informieren, zweitens von wegen der Tüten. Die Zimmervermieterin vom zweiten Stock spricht erregt auf ihren »Herrn Doktor« ein: Jessas, dö Bilder! ... Im Angesicht der bedrohten Kunst erwacht der Nationalstolz wie *Anno Domini* 1914, und irgendwo in einer Ecke der Bildergalerie flattert das Wort auf: Katzlmacher ...
Soll einer weinen oder lachen? Hat sich »das Volk« besonnen? Ist »Kunst« ihm kein hohler Begriff mehr? Weiß es, was es verliert?

Ich höre den Optimisten: »Nur in der Stunde der Gefahr zeigt sich der erfreuliche Zusammenhang zwischen dem Fühler der Nation und der Ewigkeitsschöpfung ihrer Kunst. Freuen wir uns und versuchen wir, das endlich aufgerüttelte Kunstgewissen der Wiener wach zu erhalten!«
Und den Pessimisten: »Zu spät! Hätte die Bevölkerung den Wert ihres Besitzes auch nur geahnt, der Schrei der Empörung über den schmachvollen Raub wäre laut durch die Welt geschallt und hätte das schnöde Beginnen vereitelt.«
Und der Historiker: »Es ist seit jeher charakteristisch für die Masse, daß ihr Sinn für die geistigen Güter der Nation nur dann erwacht, wenn die fremde Hand sich nach ihnen ausstreckt. Vielleicht ist es nicht einmal zu spät! Auch die Gänse schnatterten erst im letzten Augenblick und retteten doch das Kapitol!«
Ich aber, der Zyniker, sage: »Es is' a Hetz'!« ...

Der Neue Tag, 25. 5. 1919

Der Marktplatz der Kettenhändler

Hier ist der Ursprung des Übels. Hier rundet sich das erste Glied der endlos langen Kette. Hier kauft man die Lebensmittel »aus erster Hand«. Von hier aus ergießt sich der dünne und ach so kostbare Strom von Milch, Eiern und Butter in die Straßen und wenigen Häuser der Stadt. Wo das ist, will ich nicht verraten. Ich möchte mich der Lynchjustiz der Kettenhändler doch nicht ausgesetzt wissen. Nur soviel sei gesagt: Es ist ein Bahnhof, fast im Innern der Stadt, ein idyllischer Bahnhof, der wie eine große gelbe Katze gemächlich im Sonnenschein schlummert, ein Bahnhof, dessen Züge gar nicht allzu weit und natürlich auch nicht allzu pünktlich in die Welt abgehen. Zweimal des Tages, am Nachmittag und am Abend, versammeln sich die Schleichhändler Wiens vor den Toren der Halle. Züge kommen mit ländlichen Reisenden, Kleinbauern, Großbauern, Bauernkindern, Bäuerinnen in bunten Kopftüchern. Jeder Passagier trägt Rucksack, Milchkanne und Eierkiste. Allsogleich kommt Bewegung in die harrende Menge. Einzelne Gestalten lösen sich aus der dunklen Masse, nähern sich dem Ausgang, treten an die Ankömmlinge heran. Oh, die Schleichhändler haben Manieren! Sie grüßen höflich, halten während der Ansprache den Hut in der Linken und betasten mit der Rechten liebevoll den Rucksack der Passagiere. So schüchtern ist kein Gymnasiast, wenn er den angeschmachteten Backfisch anspricht, und ich glaube, die Herren Schleichhändler haben Herzklopfen. Mit Herzklopfen allein gewinnt man allerdings nicht das harte Herz eines Landmanns, und deshalb haben die Schleichhändler wertvolle Dinge in Jacken und Taschen. Tabak kommt zum Vorschein. Da würde der Herr *Scheuchenstuhl* Augen machen! Tabak in allen Arten und Abarten, in Packungen verschiedenartigster Fasson. Pfeifentabak aus Herzegowina, Türkischer und Persischer, Ägyptischer, Memphis, Diana, Trabucos, Portoricos und alle offiziell längst totgemeldeten Zigarrensorten. Der Handel entwickelt sich, man wird lebhaft. Dort in der Ecke redet ein Mann auf ein Bäuerlein ein, unermüdlich, immerzu, drängt es an die Wand, redet mit Händen und Füßen. Demosthenes ist ein Zwerg dagegen. Während seine nimmermüden Lippen einen Schwall von Redensarten, überzeugenden, drohenden, gebietenden, flehenden Worten hervorsprudeln, sind seine Hände fortwährend damit beschäftigt, Zigarren, Schnupftücher, Seidenborten, Strumpfbänder, Broschen, Halskragen, Manschetten dem eingeschüchterten, verwirrten, betäubten Bäuerlein unter die Nase zu halten. Schließlich »hat er ihn«. Willenlos, schlaff, ganz im Bann des flinken Händlers, läßt er sich von diesem in ein gegenüberliegendes Haustor drängen. Nach fünf Minuten kommen beide zum Vorschein. Das Bäuerlein mit seinem schlaff gewordenen Rucksack, ohne Eierkiste, mit einer leeren, scheppernden Milchkanne. Der Schleichhändler geschäftig, flink, trocken, ohne einen Blick mehr für sein Opfer. Er stürzt sich aufs neue in die Menge, und bald hat er eine junge Bäuerin bei der Schürze erwischt. Sie will sich losreißen, sie will nichts verkaufen, sie hat die Lebensmittel ihrer Schwester gebracht. Es hilft nichts. Mein Schleichhändler ist unerbittlich. Er hält sein zappelndes Opfer fest, da gibt's kein Loskommen. Mit einem Zauberring aus amerikanischem Double mit einem giftgrünen Stein hat er es ihr angetan. Das Haustor verschlingt sie.

Seht hin! Dort streiten zwei Händler um die wuchtige Gestalt eines biederen Landmannes. Es kommt sogar zu Faustschlägen, die aber wirkungslos abprallen von der dikken Bauernjoppe des Streitobjekts. »Ich hab' den Herrn *vor* Ihnen gesehen!« wütet der eine Händler. »Aber ich hab' ihn aufgehalten!« kreischt die sich überschlagende Stimme des zweiten. Sie zerren an der plumpen Massigkeit des Bauern herum, der fest steht, als hätte er Wurzel gefaßt im Straßenpflaster. Es wäre ihm ein leichtes, die zwei hadernden Männchen abzuschütteln, aber die Geschichte macht ihm offenbar Spaß, er hat die Augen eingekniffen und schmunzelt schlau und boshaft. Schließlich haben sich beide Parteien geeinigt. Sie kaufen alles zur Hälfte. Der Bauer kichert: Jetzt wird er sie beide drankriegen.

Außer den beruflichen Schleichhändlern haben sich natürlich auch passionierte Liebhaber des Berufes eingefunden, Dilettanten in der Kunst des Kettenhandels oder schüchterne Debütanten, Frauen haben Hemden, Leintücher, die spärliche Tabakfassung ihres Mannes herausgebracht. Manchem gelingt's, ein halbes Dutzend Eier zu ergattern. Nach einer Stunde etwa zerstreut sich die Menge. Die, denen es

gelungen, stolz und siegesbewußt. Die andern, müde, verstaubt, eingefallen, sehen aus wie Soldaten auf einem »strategischen« Rückzug.
Wo das ist? Wie gesagt, vor einem Bahnhof in nächster Stadtnähe. Mehr mitzuteilen ist gefährlich für den Verräter und überflüssig für den Leser. Wer von den Lesern Schleichhändler ist, *weiß* es. Wer's *nicht* ist, *braucht's* nicht zu wissen. Die Polizei aber, die Polizei glaub' ich – na, red' mer lieber von was anderem! ...

Der Neue Tag, 25.5.1919

Vom Abbau der Preise

Ein sogenannter »letzter energischer Versuch« zum Abbau der Preise wurde vom Zentralverband der deutschösterreichischen Staatsbeamtenvereine beschlossen. Worin eigentlich dieser letzte energische Versuch bestehen soll, ist nicht bekannt. »Scheitert dieser letzte Versuch« – so heißt es in der Resolution –, »dann lehnen wir jede daraus zu ziehende Schlußfolgerung ab.« Es ist so ziemlich das einzige, was den Leuten übrigbleibt: Schlußfolgerungen abzulehnen. Die Folgen des *Wuchers* und der Preissteigerungen muß man leider auf sich nehmen. Dafür werden sie von den zu ihrer Beseitigung berufenen Faktoren – abgelehnt ...
Schon glaubt man, die gelobte neue Zeit hätte dem Kettenhandel die Götterdämmerung gebracht. Man wendete Anzüge zum vierten und fünften Male und entdeckte, daß jedes Ding, wenn man nur will, mehr als zwei Seiten habe. Man wartete mit der Anschaffung der dringendsten Bedarfsgegenstände, und der aus der Blockade wie aus dem Dornröschenschlaf durch den Frieden langsam, ach, nur zu langsam

wachgeküßte Mitteleuropäer entdeckte erstaunt und plötzlich, daß seine eigene Lage sich in dem Maße zu heben begann, wie die Preise in den Schaufenstern sanken. Wer so dringend Hosenträger brauchte, daß er jeden Augenblick Gefahr lief, in eine Katastrophe hinabzurutschen, begnügte sich lieber mit einem Papierspagat, mittelst dessen man sich ohnehin nicht gefahrlos aufknüpfen konnte, und wartete auf das »Sinken« der Hosenträger. Zerfetzte Überzieherexistenzen wurden geflickt, und selbst aus den Trümmern einer Krawatte wurde noch eine kunstvolle Schleife geknüpft. Man wartete und wartete. Man hoffte auf den Friedensschluß. Die Behörden taten, was sie sonst zu tun pflegen: Sie versprachen den »Abbau der Preise«. Aber sie versprachen nicht nur, sie taten auch noch, was sie sonst zu tun pflegen – sie hielten nicht. Denn während zwei, drei Wochen hindurch tatsächlich eine Reduktion der Preise zu bemerken war, ein Meter Stoff 40 bis 50 Kronen, Strümpfe 12 bis 15 Kronen, Herrensocken sogar 7 Kronen, ein Paar Lederschuhe schon 120 bis 150 Kronen kosteten, klommen die Preise im Laufe der letzten Woche mit einer ungeahnten Geschwindigkeit die Höhenleiter empor und bleiben nicht nur auf einer der höchsten Sprossen – nein! –, sie bemühen sich, noch immer höher und höher zu steigen, um schließlich in den himmlischen Wolken unerreichbaren Kriegsgewinnertums den sehnsüchtigen Blicken festbesoldeter Alltagsmenschen zu entschwinden. Stoffe kosten heute schon 150 bis 200 Kronen, Herrensocken 20 bis 30 Kronen, Schuhe 250 bis 270 Kronen. Einzig sogenannte Luxuslebensmittel, die leider aus der deutschösterreichischen Verzweiflung einer arg rationierten Gegenwart heraus zu Notwendigkeiten geworden, sind verhältnismäßig billiger. Daß jemand heute Schokolade ißt und an zerrissenen Stiefelsohlen krankt, ist längst nicht mehr paradox. Aber paradox ist die Tatsache, daß jemand im Monat 150 Kronen für Luxusfahrten mit der Elektrischen ausgeben kann und das Doppelte haben müßte, um sich ein Paar Stiefel anzuschaffen und sich überflüssige Reifen zu ersparen. Barfuß und zerschlissen fahren wir mit einem 60-Heller-Fahrschein der Endstation des Unterganges entgegen ... Warum diese urplötzliche Steigerung? Eine Laune der Kettenhändler? Eine göttliche Eingebung der Wucherer? Müssen wir zusehen, wie sie uns aussaugen und untätig bleiben wie die Behörden? Der Zentralverband der deutschösterreichischen Staatsbeamtenvereine hat einen »letzten, energischen Versuch« unternommen. Wann tun es die anderen? Es wird vielleicht nichts übrigbleiben, als die »Schlußfolgerungen abzulehnen«. Aber man wird sich wenigstens gewehrt haben, ehe man dazu verurteilt wird, die *Folgen – nicht* ablehnen zu können.

Der Neue Tag, 6. 7. 1919

Fünfzig Jahre Wiener Sicherheitswache

Wien ist wohl eine der ganz wenigen Großstädte, in denen die Polizei einen organischen Bestandteil der Bevölkerung bildet, aus dieser heraus- und mit ihr zusammengewachsen. Die sprichwörtlich gewordene, in der letzten Zeit leider zu den arg rationierten Artikeln zählende Gemütlichkeit hatte selbst dem »Wachter« den Stempel ihres Lächelns aufgedrückt, und eine Wiener Amtshandlung war stets umflossen von Glorienschein einer gutbürgerlichen Behaglichkeit. In Wien zwinkerte manchmal das Auge des Gesetzes gutmütig bei Anlässen, die in Berlin z.B. schon zumindest ein strenges Blicken verursacht hätten. Das ebenso berühmte wie berüchtigte österreichische »Hintertürl« konnte sich infolgedessen häufig leicht und glatt in den Angeln bewegen. Aber weder daraus

soll der Polizei ein Vorwurf gemacht werden noch auch aus dem Umstande, daß dieselbe Wiener Polizei gerade in den letzten Wochen, sicherlich *gegen* ihren Willen, rigoroser, als es ihre Art ist, werden mußte. Beweist doch das erstere, daß »Dienst« nicht Herzlosigkeit bedingt, und das zweite, daß die Strenge zur richtigen Zeit angewendet wird. Und so verdient es unsere Polizei, daß ihrer heute, da sie das fünfzigjährige Jubiläum ihres Bestandes feiert, gedacht werde.
Der unter dem Schriftstellernamen *U. Tartaruga* bekannte Polizei-Oberkommissär *Dr. Ehrenfreund* hat über Auftrag des Polizeipräsidenten eine Jubiläumsschrift verfaßt, die textlich und bildlich besondere Anerkennung verdient. Interessant und mitunter sogar spannend geschrieben, bildet dieses Buch als Lektüre eine Quelle der Unterhaltung und Belehrung zugleich. In dem Kapitel »Historische Entwicklung des Wiener Sicherheitsdienstes« gibt Tartaruga einen knapp zusammengefaßten und dennoch genauen und übersichtlichen Überblick über das Schicksal der Wiener Polizei von ihren ersten Anfängen. Man erfährt, daß just am 13. Mai Anno Domini 1444 der Stadtrat eine sogenannte »Bürgerpolizei« einführte »über lebhaften Wunsch der von allerlei Gesindel beunruhigten Vorstädte«. Etwa hundert Jahre später, im Jahre 1547, entstand die Wiener »Tag- und Nachtwache«, die sich aus 60, sage und schreibe: sechzig Landsknechten zusammensetzte. Diese Landsknechte mit Säbel, Spieß, Fahne, Hellebarde und den unvermeidlichen überdimensionalen Waffensteinstiefeln bildeten den einzigen Sicherheitsschutz der Stadt. Aus der im Jahre 1776 errichteten Militärwache bildete sich dann die sogenannte »Rumorwache« heraus, deren spaßiger Name symbolische Bedeutung gewinnt, wenn man erfährt, daß besagte Wache mehr Rumor zu erzeugen als zu verhindern imstande war. Die Militärwache aber war lange nicht so gemütlich, wie es unsere heutigen Wachleute sind. Ihre Brutalität war gefürchtet, aber dem Spott der

damals noch zu Spott aufgelegten Wiener Bevölkerung entging diese Militärwache denn doch nicht, denn ihre mangelhafte Ausbildung und ihre Unkenntnis der Gesetze brachten sie nicht selten in ebenso unangenehme wie tragikomische Situationen. Auch gehörte es seltsamerweise zu ihren Obliegenheiten – sogar Straßenlaternen zu putzen, und man kann sich vorstellen, daß einem Wiener Bäckergehilfen oder Schusterlehrling aus dem achtzehnten Jahrhundert ein um die Reinhaltung der Straßenbeleuchtungskörper lebhaft, aber ungeschickt bemühter Militärwachmann mit Säbel und Gewehr unmöglich Respekt einflößen konnte. So ging denn das Militärwachkorps einem langsamen, aber sicheren Ende entgegen, und als 1867 der damalige Polizeidirektor *Strobach* von der Pariser Weltausstellung zurückgekehrt war und auf Grund seiner Studien, die er am Pariser Sicherheitsdienst gemacht hatte, der Regierung die Schaffung einer Art *»Sergeante de ville«* in Wien beantragte, wurde am 2. Februar 1869 mit »Allerhöchster Entschließung« eine »k.k. Sicherheitswache« geschaffen. Unter den für diese Wache Assentierten befanden sich Studenten, Militärs, Privatbeamte, verarmte Geschäftsleute, Berufsmusiker, allerdings auch halbe Analphabeten mitunter. Dennoch entwickelte sich die »k.k. Sicherheitswache« allmählich zu einem einheitlichen, straff disziplinierten Organisationskörper.

Das und noch manches andere erfährt man aus dem Buche Tartarugas. Heute ist der Wachmann eine so selbstverständliche Erscheinung im Wiener Straßenleben, daß er für den Passanten eben nichts anderes ist als ein Bestandteil der Straße, wie eine Plakatsäule, eine Straßenbahnhaltestelle, ein Wartehäuschen, ein Laternenpfahl. Man geht an ihm vorbei und sieht ihn nur, wenn man im Begriffe ist, nach einer mysteriösen Vorstadtstraße zu fragen oder unter die Räder eines italienischen Autos zu geraten. Wer tiefere Ursachen und Zusammenhänge kennenlernen will, möge sich aus der Jubiläumsfestschrift orientieren.

Man wird da mit einem guten Stück Alt-Wiener Lokalgeschichte bekannt, hört manches interessante Ereignis und amüsiert sich zwei Stunden lang über die köstliche Naivität alter »wohlweiser Stadtväter«, ärgert sich wohl auch über manche Vorkommnisse, die dem modernen Wiener beweisen, daß seine Verwandtschaft mit den Schildbürgern keineswegs eine neuzeitliche Errungenschaft ist. Die Wiener Sicherheitswache konnte das Jubiläum ihres fünfzigjährigen Bestandes nicht besser begehen als durch die Herausgabe dieses Werkes. Es ist in Josef *Deublers* Verlag erschienen und verhältnismäßig billig zu erstehen. Der Historiker findet darin wertvolles Material, der Liebhaber köstliche Anekdoten, der Bürger eine angenehme Lektüre, und selbst »dar Weana« findet hier, was er stets sucht: a Hetz! ...

Josephus

Der Neue Tag, 17. 7. 1919

Ein paar Worte

Nehmen wir einmal an, einer hieße Hubermayer und wäre aus Wien und Lebensmitteldiktator in Amerika. Und käme nach New York.

Er würde sich vornehmen, drei Tage zu bleiben.

Am ersten Tage schaut er sich die City an. Und am Abend schreibt er darüber seiner Frau.

Am zweiten Tag beginnt er an den Zweck seines New Yorker Aufenthaltes zu denken.

Und am dritten reist er ab, weil er weder Gulyas noch Pilsner vorfand. Gestern war Hoover in Wien.

Er fuhr vom Bahnhof in das Gebäude des Verkehrsamtes in der Giselastraße, und er stieg, baß verwundert und zornig

über den Zeitverlust, mühsam das vierte Stockwerk hinauf. Symbolisch für das Verkehrsamt: Es verkehrt kein Lift.
Zum Glück hatte Hoover ein Auto für die Fahrt nach dem Hotel Bristol. Sonst wäre er mittelst Straßenbahn in jenem Zustande zum Mittagessen angelangt, in dem ein solches überflüssig wird.
Um 4 Uhr nachmittags war Hoover wieder in der Giselastraße und arbeitete bis sieben. Die Wiener Herren waren sehr ungehalten. Um halb acht fängt die Vorstellung im »Apollo« an.
Währenddessen antichambrierten Journalisten. Hoover gewährte sogar Interviews.
Um sieben Uhr war Hoover fort. Ohne im »Apollo« gewesen zu sein. Er hatte die Kärntnerstraße nicht gesehen und seiner Frau nicht geschrieben.
Er hatte gar nicht angefangen, an den Zweck seines Wiener Aufenthaltes zu denken.
Aber er hat ihn sichtlich erfüllt.
Allerdings: Er heißt nicht Hubermayer und ist nicht aus Wien.
Er heißt Hoover und ist aus Amerika.
Aus dem Lande der unbegrenzten Möglichkeiten kam er in eine Stadt der unbegrenzten Unmöglichkeiten.

Josephus
Der Neue Tag, 19. 8. 1919

Sauerkraut

St. Marx, am 19. August 1919

Ihrem ganz besonders schmackhaften Sauerkraut hat die Stadt *Magdeburg* ihren Ruf zu verdanken. Dort und in *Krefeld* wird es fabrikmäßig erzeugt und merkwürdigerweise gegessen, noch ehe es faul ist. Aussagen glaubwürdiger Reisenden zufolge riecht man in der ganzen Umgebung von Magdeburg auch nicht ein Atömchen Sauerkraut. Magdeburg steht trotzdem in dem Rufe, die erste Sauerkrautstadt Europas zu sein.

Wien wollte es der Stadt Magdeburg gleichtun und kam irrtümlicherweise statt in den Ruf eines guten Sauerkrauts in den Geruch eines schlechten. Zu den mannigfachen Sehenswürdigkeiten Wiens ist auch noch eine Riechenswürdigkeit gekommen: das Sauerkraut der Gemeinde.

In St. Marx stinkt es zum Himmel. Es ist das einzige in Wien und Umgebung, das, wenn man es sich zum Ziele erwählt hat, auf geradem Wege zu erreichen ist. Als ich einen Markthelfer fragte, wo das schlechte Sauerkraut liege, gab er mir den guten Rat, nur immer der Nase nach zu gehen. Ich würde es schon bestimmt finden.

Dennoch ist es nicht leicht, zum Sauerkraut zu gelangen. Es wird bewacht wie alles, was bei uns nicht gut riecht, und das ist viel. Erst als ich mich für einen Schweinehändler ausgab, ließ man mich in den Keller. Das ist sozusagen die Magenhöhle von Wien. Und das Sauerkraut gehört zu unseren – Innereien.

An der Kellertür empfängt mich mörderischer Gestank. Mein Begleiter tröstet mich zwar, daß auch gutes Sauerkraut stinke. Aber an *diesem* Gestank rieche ich deutlich mehr als gutes Sauerkraut: auch gute Verwaltung …

Wie wird das Sauerkraut hergestellt? Ein Kenner erklärt mir

den Vorgang: Das Kraut (Weißkohl) wird gehobelt, mit sehr viel Salz gemengt und in ein Faß gedrückt. Das Faß wird hermetisch verschlossen und das darin verwahrte Kraut der Gärung überlassen. So entsteht Sauerkraut.

Wie läßt man Sauerkraut faul werden? Indem man Juristen mit Lebensmittelressorts beteilt nach dem Grundsatz: Wem Gott Sauerkraut gibt, dem schenkt er auch noch die Nase dazu. Und indem man der Anschauung huldigt, daß Lebensmittel, die von einer Gemeinde angekauft werden, von dieser nicht früher ausgegeben werden dürfen als zu *dem* Zeitpunkte, da sie selbst in den *Geruch* kommen, von der Gemeinde angekauft worden zu sein …

Dieser Vorgang ist die patentierte Erfindung der Wiener Gemeindeverwaltung und wird selbst von der Magdeburger Sauerkrautfabrikation nicht übertroffen.

Sachverständige in Kriegsausrüstung behaupten, daß sich, nun eine günstige Gelegenheit biete, die vielen zwecklos herumliegenden *Gasmasken* zu verwenden: Jene Schweine, denen das Sauerkraut als Speise zugedacht ward, sollen vor Antritt der Mahlzeit mit Gasmasken beteilt werden.

Eine große Sorge bleibt nur noch bestehen und ist ebensowenig aus der Welt zu schaffen wie das Sauerkraut: Soviel Schweine hat ganz Deutschösterreich gar nicht …

Josephus

Der Neue Tag, 20. 8. 1919

Moderne Vehikel

Der Fortschritt der Wiener Kultur, der nur deshalb so langsam ist, weil er wegen der Kohlennot die Elektrische nicht benützen kann und also zu Fuß gehen muß, ist schließlich müde geworden und hat den Krebsgang angetreten. Die Erfolge seiner neuen Gangart erscheinen deutlich sichtbar im Rahmen des Wiener Straßenbildes *anno* neunzehnhundertneunzehn. Selbigen Jahres ward nämlich die Elektrizität als Beförderungsmittel für untauglich befunden, und allerlei Vehikel aus vorvorigen Jahrhunderten sind aus den Schatten der Vergangenheit in das gedrosselte Tageslicht der heiteren Gegenwart hineingerollt. Auf der Wiener Ringstraße sind zum Beispiel folgende Fahr*un*gelegenheiten zu sehen:
ein Stellwagen aus dem Jahre siebzehnhundertundeins, der bis nun in den Archiven der Gesellschaft für Altertumsforschung von seinen weiten Fahrten geruht hatte;
eine »Wagenburg« aus der Zeit des dreißigjährigen Krieges, in der nach durchaus verläßlichen historischen Dokumenten der gottselige Wallenstein selbst gesessen ist, als er im Jahre 1634 eine Zusammenkunft mit seinen Offizieren im Pilsner Hauptquartier hatte;
ein zweirädriges Kabriolett, das Marie Antoinette bei gewissen Ausfahrten höchstpersönlich gelenkt haben soll;
eine *Diligence,* in der Metternich eine Reise nach Karlsbad unternommen hatte.
Außerdem noch: Zeiserlwagenruinen aus der Zeit Bauernfelds und Schwinds; zertrümmerte Postkutschen; Streifwagen mit improvisierten Sitzgelegenheiten aus Papierersatz. Schubkarren und Sänften fehlen noch.
Eine praktische Neuerung wären Pendelleichenwagen vom Schottentor zum Zentralfriedhof. Die Passanten würden um den Preis von sechzig Hellern – gewiß nicht zu teuer – auf

denFriedhof hinausbefördert und könnten sich dort alsogleich halblebendig begraben lassen, um dem Wiener Winter leicht und schmerzlos zu entgehen.
Die Behörden seien hiermit darauf *nachdrücklich* aufmerksam gemacht!

Der Neue Tag, 23. 9. 1919

Proletarisierung der Häuser

Ich kenne eine alte kleine Gasse in der Inneren Stadt. Sie ist nicht sonderlich rein. In der Ecke lagert sogar ein Misthaufen. Die Häuser sind alt, solide und bescheiden, zweistöckig, aber nicht hochmütig, wie Menschen aus guter bürgerlicher Familie. Nur *ein* Haus ist just in der Mitte, das stolzer, adeliger als die anderen aus der schnurgeraden Häuserlinie etwas

bauchig hervortritt, als ziemte ihm nicht, ganz in derselben Reihe mit den anderen zu stehen. Es ist irgendein Amtsgebäude mit Sockeln und Sockelchen, pausbackigen Engeln unter dem Dachfirst und einem mächtigen, doppelflügeligen braunen Haustor, das weit offensteht, um seinen Portier, einen Menschen aus Bauch, Goldtressen und blondem Schnurrbart, zu zeigen. Dieses Haus präsentiert nicht aufdringlich, sondern vornehm zurückhaltend eine Visitenkarte aus Marmor mit schwarzen Buchstaben, die besagen, daß das Haus aus dem Jahre 1700 stammt. Wenn es dunkelt, rükken die anderen Häuser alle ein bißchen zusammen; nur das eine stolze, schöne Haus bleibt weiß, stark und leuchtend allein. Es fürchtet sich nicht vor dem Abend. Es zündet seine mächtige alte Laterne vor dem Eingang an und wird nur noch stolzer und stärker. Seine Kanten werfen schwere Schatten, und ich ermesse daran, wie dick seine Mauern sind. Die Fenster sind tief eingebaut, zwei Menschen könnten gemütlich in jeder Fensternische sitzen. Der Schatten eines Pausback-Engels zeichnet sich am Dachfirst ab, und ich sehe, wie groß er ist. Auf dem Gesicht dieses Engels könnte man ein Gartenbeet aufschütten. Vierzehn Tage lang muß ein Mann an einem solchen Engel gearbeitet haben.
Ich liebe dieses Haus um seiner Schönheit willen und die Gasse dieses Hauses wegen, und ich wäre unendlich traurig, wenn eines Tages an einen Umbau gegangen würde und die Schädelplatte eines Engels zertrümmert am Boden läge.

Diese jungen Häuser sind alle Schwindelbauten. Der Herr Baumeister hat in drei Tagen seinen Plan fertig, und vierhundert Arbeiter sind mit der Errichtung des neuen Hauses beschäftigt. In vierzehn Tagen kann man einziehen. Ein halbwegs ehrgeiziger Windstoß könnte dieses Gebilde aus zentimeterdünnen Wänden umblasen wie ein Kartenhaus. Es ist aus Papiermaché. Ein paar armselige Blumenornamente unter dem First, auf denen nicht einmal ein Spatz ordentlich stehen kann, sollen eine Physiognomie vortäuschen. In Wirklichkeit haben diese Häuser alle dasselbe Gesicht. Keine Physiognomien, nur Nummern. Die Namen der Straßen sind ohne innere Berechtigung, man könnte sie miteinander verwechseln, wenn sie nicht verschiedene Straßenbahnwagen durchfahren würden. Kein Haus tritt vor, keines zurück, sondern alle stehen schnurgerade ausgerichtet in einer Reihe. Es ist der Militarismus der Häuser. Jahre-, jahrzehntelang wohnen wir in diesen Phantomen von Häusern. Sie sind keine Wohnhäuser, nur Schutzhütten vor den Stürmen des Tages, in denen wir nächtigen, essen und trinken, aber nicht wohnen.

»Wohnen«, »Häuser«, »Wände«, »Stuben« sind neue Begriffe geworden. Der Arme wohnt in einem Zimmer, der Wohlhabende in fünf, der Reiche in zehn. Aber alle Zimmer sind aus Papiermaché. Dennoch konnte man Kleinigkeiten, Zierrate anbringen, Teppiche, Bilder, wenn man Geld hatte. Bis die allgemeine Militarisierung und Mechanisierung des Lebens den Krieg brachte.

Als ich aus dem Felde heimkehrte, bemerkte ich schon im Hausflur eine peinliche Änderung. Die zwei Stangen aus Messing entlang der Stiege waren durch hölzerne, wurmstichige Stöcke ersetzt. Ich weiß nicht, hatte man jene »abgeliefert« oder gestohlen, sie waren nicht da. Die Proletarisierung der Häuser hatte begonnen.

Alle, alle Häuser sind schäbig geworden. Sie tragen gewendete Anzüge und zerbeulte, vom Wetter hergenommene Hüte. Ihre Schornsteine sind rissig, gelb und grau, der Rauch dringt aus Ritzen und Spalten. Die Fensterscheiben sind mit braunen Papierstreifen beklebt und aus billigem grünlichem Glas mit häßlichen Blasen und Warzen. Hier und dort wird die Türe eines Hauses neu angestrichen. Das täuscht nicht

über die Armut hinweg. Die Häuser lassen sich nur ihre alten Anzüge sozusagen chemisch putzen.
An den arm gewordenen Häusern werden Wohnungskommissionen Pfändungen vornehmen. Und die reichen, alten und stolzen Häuser werden mit Gewalt arm gemacht. Auch mein Haus in der stillen, alten Gasse. Eines Tages werde ich hinkommen, und das Tor wird zu sein, und ein Volkswehrmann wird davorstehen. Den Portier aus Bauch, Goldtressen und Schnurrbart wird man mit den Kunstschätzen nach dem Ausland verkauft haben. Hinter eisernen Gittern mit blaßgoldenen Spitzen werden Windeln hängen und Nachtgeschirre trocknen. Das Gegenteil von dem geschieht, was die Gegenwart erstrebt: Keine Proletarierbehausung wird würdige Wohnstätte, sondern umgekehrt – alle, alle Häuser sind proletarisiert.

Schlimmer aber ist die Fähigkeit der Menschen, in Buden zu wohnen. Der Krieg hat die Baracken gebracht und die Erdhöhlen. Mit ihnen hatte die Zivilisation ihren Höhepunkt erreicht: die Barbarei.
Gestern war ich am Nordbahnhof. Es war eine stille Nachmittagsstunde. Der Bahnhof ruhte aus. Es schneite, und die rostigen Schienenstränge drückten sich enge zusammen vor Kälte. Vor einem plombierten Wagen stand ein Volkswehrmann; die Hände in den Taschen, das Gewehr baumelte auf der rechten Schulter. Es war ein entmilitarisierter Wachtposten. In einem Tümpel zwischen zwei Schienen plätscherte eine schmutzige Ente. Sie gehörte einem jener Eisenbahner, die drüben in den Baracken wohnen.
Wie diese Baracken sich brüsten. Wie sie Häuser sein wollen! Sie sehen aus wie kleine Moritze, die Erwachsene spielen. Diese Waggons, die ihre Herkunft verleugnen, die sich einbilden, Wohnstuben zu sein, weil die Zwischenwände ausgehoben wurden und die Menschen verfaulte Matratzen in ihnen

liegen haben. Und sind doch nur elende Waggons ältester Marke, die nicht mehr fahren können, weil man ihnen die Räder amputiert hat!

Das ist die vorletzte Etappe auf dem Wege zur Proletarisierung der Häuser. Ziegel um Ziegel, Stein um Stein werden wir verpfänden, verkaufen, ins Versatzamt tragen. Und werden uns eingraben in Erdhöhlen. Und jene stolzen, großen, alten Häuser, in denen man Schützengrabensysteme erfand und zeichnete, werden längst nicht mehr sein. Sondern eine Welt aus Schützengräben. Unerbittlicher Kreislauf des Geschehens: Von der Erdhöhle zur Kultur, verflacht durch Zivilisation, zum Militarismus der Technik. Von da durch Krieg Sozialisierung, Proletarisierung bis zur Erdhöhle – nur ein Schritt.

Der Neue Tag, 8. 11. 1919

Herbstrevue

Wie arm dieser Herbst geworden ist!
Reich und herrlich pflegte er einzuziehen, wie ein Kaiser. Der Sommer hielt einen Moment stille, stellte sich am Straßenrand auf und ließ die Symphonie von Gold und Purpur an sich vorüberrauschen.
Der Herbst hatte Fülle und trächtige Pracht. Er schüttete Früchte in strotzende Marktkörbe. Äpfel, braunrot von der Sonne des Südens geküßt, mit glänzender Glasur, als ob sie mit feinstem Flanell geputzt worden wären. Birnen, gelb, mit harter, glänzender Schale, aus deren Poren der Saft des Lebens sickerte. Und Trauben, schwer, von mystischem Dunkel, wie formgewordene bacchanalische Wollust. Ihr Saft war Sünde.

Auf der Ringstraße, zwischen Parlament und Oper, lustwandelte Kaiser Herbst an Oktobernachmittagen. Diese Nachmittage waren wie schwere venezianische Kelche; braun, mit Sonnengold bis zum Rande gefüllt. Manchmal fiel eine Kastanienfrucht mit gedämpftem Laut in die goldene Fülle, wenn der Herbst mit seinem Zepter einen Zweig streifte.
Er ließ Notizen in den Zeitungen drucken: Seht! Ich bin gekommen! Ich eröffne die Saison! Er zündete hunderttausend Bogenlampen in den Straßen an und schüttete Millionen Glühbirnen aus seinen purpurnen Ärmeln. Ein Troß von schweren, ächzenden Kohlenfuhrwerken, mit grobhufigen, großen Gäulen bespannt, hielt vor jedem Haustor.
Der Herbst tat nackte, weiße Frauenschultern in kostbare Pelze, Sealskin und Blaufuchs, wie man Edelsteine in samtene Etuis schlägt.
Die Fiaker standen vor den Konzertsälen und fragten: »Fahr' ma, Euer Gnaden?« Sie waren eingehüllt in Demut und Lakaientum und beugten ihre feisten Säufernacken unter das kaudinische Joch des Trinkgeldes.
Kaiser Herbst ist entthront und arm und elend geworden.

Wie ist er eingezogen? Der Sommer wollte nicht einen Schritt beiseite treten, sondern wuchtete schwer und träge bis zum letzten Moment auf dem glühenden Asphalt. Er wich erst, als der feuchte Nebel durch die Ritzen der Pflastersteine drang und ein hartnäckiger Proletarierregen schweißig herabtropfte. Wenige, wenige Früchte sind gekommen. Die glasurnen Äpfel und strotzenden Birnen und sündigen Trauben sind ängstlich in knisterndes Seidenpapier gehüllt und frösteln hinter Fensterscheiben. Auf den Märkten aber, von schmutzig-grauen Täfelchen überwacht, ist schmutziges Obst bettlägerig, das an Tuberkulose stirbt und die Ruhr hat. Es gibt keine Nachmittage mehr, an denen die Luft sich anfühlt wie warmes Gold. Es ist ein Ersatz aus Blech und

Schwindel, und die Luft ist eine ganz gemeine Schiebung. Aus den welken Kastanienblättern werden die Zwanzighellerscheine der Gemeinde Wien hergestellt.
Der arme Herbst hat vom Stadtrat das Verbot erhalten, Bogenlampen anzuzünden. Seine Glühbirnen sind der Kunstkommission unter dem Vorsitz des Herrn Enderes verfallen.
Die kostbaren Pelze hat er den Spekulanten verkauft. Rote Fleischhauergattinnen mit speckigen Rindsnacken tragen Blaufuchs. Es sieht aus, wie wenn auf rohen Holzklötzen plötzlich Edelweiß blühte.
Und die Abende sind erfüllt vom Gestank des Karbids. An einer Straßenecke wird Pferdewurst verkauft. Schieber und Dirnen sammeln sich wie dunkle Moskitos um die bläuliche Stichflamme. Von der blau-roten Nasenspitze des Verkäufers plätschern blinkende Tropfen in den Kessel. Seine schmierigen Hände wühlen in Haufen von blauen Banknoten wie Mäuse in einem Speckmagazin.
Auf den Straßen schleichen vermummte Gestalten und suchen mit Blendlaternen das Pflaster ab. Sie suchen Zigarrenstummel und Dreck. Aus Pferdemist werden Ägyptische verarbeitet.
Nur im kleinen Park, in der Wollzeile, der so hilflos daliegt zwischen wiehernden Fiakerkutschern und besoffenen Pferden wie ein junges Mädchen in einem Soldatenlager, blühen Rosen. Rote und weiße Rosen. Verspätete Wunder. Blühende Anachronismen. Sie blühen für die sterbenden Kinder in den Kliniken.
Und auch kein Laub sehe ich fallen.
Die Menschen steigen vielleicht des Nachts auf die Bäume und pflücken Blätter zum Heizen ...

Der Neue Tag, 15. 11. 1919

Ein »klassisches« Wäschermädel

»Plakate«

Nun bin ich krank und sitze im Lehnstuhl am Fenster meines Zimmers, das im ersten Stock liegt. Ich darf mich nicht erheben, darf keine Zeitung lesen, keinen fremden Menschen sehen. Ich darf nur gradaus durchs Fenster blicken. Die Welt ist hinter mir versunken wie etwa ein Bahnhof, aus dessen Halle ein Zug mich mit rapid wachsender Schnelligkeit entführt. Ich bin froh. Ich werde vielleicht wieder Landschaften sehen.
Nein, ich werde keine Landschaften sehen. Ich muß zum Fenster meiner Wohnung hinausblicken, und gegenüber ist hoch oben ein Fenster, und darunter ein Stück nackter Wand, von der sich der Mörtel in kleinen Brocken ablöst. Das gelbbraune Ziegelwerk, das darunter hervorsieht, bildet groteske Fratzen. Und tiefer unten, just in gleicher Höhe mit meinem Fenster, beginnt eine seltsame, lustige, bunte Welt. Ein Wäschermädel mit roten Backen und einer prallen Büste, die von Bierbaum-Lyrik strotzt, über einen Waschtrog zierlich gebeugt. Mit schlanken Fingerspitzen faßt sie ein Wäschestück und hält es hoch. Das macht mich krank. Wie kann man nur so zimperlich mit Unterhosen umgehen? Unterhosen sind kein Schmetterling, mein Fräulein! Greifen Sie nur zu! Seltsamerweise weht irgendwoher ein Wind. Unerklärlich! Wie kommt ein Wind in diese Waschküche! Sie ist ordentlich gehalten, weiße, schwarzgestreifte Kacheln sind an den Wänden sichtbar. Ich wette, daß die Tür gut schließt. Nun aber bläht so ein rätselhafter Wind die Röcke dieses Mädchens hoch und ach! man sieht Waden und Strumpfbänder. Und ein wenig Spitzenzeug. Blütenweiße Dessous! Oh, wie nahe verwandt sind Seife und Erotik!
Ganz ohne innigere Beziehung zu diesem netten Wäschermädel ist, wie ich vermute, jener Mann linker Hand nicht!

Ich wüßte nicht, aus welchen Gründen sonst er seine braunen Backen so bläht und mit seinen alkoholglühenden Augen besoffene Pfauenräder schlägt. Er ist groß und fett und macht den Eindruck eines vorsintflutlichen Ungeheuers, eines Ichthyosaurus etwa, der, ohne Rücksicht auf Darwin zu nehmen, mit einem kühnen und plumpen Satz über Tausende von Lebensformen hinweg direkt zum Menschen hinüberleitet. Wo in aller Welt leben Wesen dieser Art, mit menschenähnlichen Fratzen und Elefantenhabitus? »Urwiener Musik-Gesang« steht auf dem Plakat. Das Ungeheuer hat einen winzigen Schädel, auf dem eine schwarze Haarglasur klebt. Im Verhältnis zu seinem Bauch ist der Kopf so lächerlich gering wie ein Holztiegelchen, mit dem Kinder spielen. Über dem ungeheuren Leib ein Instrument, Mandoline oder so. Die Farbe der großen, behaarten Pratzen und der Backen ist dunkelrot wie rohes Büffelfleisch, das drei Tage unterm Sattel gelegen hat. Dieses Übergangswesen vom Ichthyosaurus zum Menschen ist ein Urwiener Heurigensänger bei Johannes-Stube. Ich bin neugierig, was sich da zwischen dem dummen Wäschermädel und diesem seltsamen Naturexperiment entspinnen wird.
Rechts von dem Wäschermädel eine Gesellschaft, die mir gefällt. In einem geradezu ausländisch erleuchteten Lokal steht ein Herr auf Lackschuhspitzen. Seine weiß behandschuhten Hände schweben waagrecht in der Luft, Daumen und Zeigefinger berühren sich zärtlich. Der Mann ist Tanzlehrer. Nicht übel. Damen und Herren, süßlich wie Zuckerwerk, schlingen einen Reigen. Wie gut es den Leuten geht! Und hier muß man im Lehnstuhl sitzen und krank sein! ...
Von einem entsetzlichen Geball aus Ultramarin und Schwarzblau überwölbt, schmettert ein messingner Kitsch, sozusagen »Lichtermeer«, eitel Jubel und Seligkeit. Ein einziger golden glühender Schrei. Ein gelbrotes Fanfarenjuchhe. Damen in hellen Kleidern, die silbern leuchten. Glühende Wein-

kelche wie Heiligtümer. Opferschalen auf Dionysosaltären. Wie? Ich habe schon so lange keine Zeitung gelesen! Wien hat Licht und Kohle im Überfluß.

Ah! Wie gräßlich! Da ist eine Nacht, blau, sag' ich euch, so schrecklich finsterblau wie violettes Sturmgewölk. Einer Lokomotive gefräßige Augen bohren sich durch das Farbendickicht. Auf Schienensträngen liegt ein armes Frauenzimmer. Waden wie das Wäschermädel. Nur ist es hier natürlich, daß ihre Röcke nicht in Ordnung sind. Erotik und Lokomotive passen doch besser zueinander.

Nun, ja! Warum liegt sie denn schon drei Tage und Nächte? Und der Zug, der so nahe ist, braust und braust fortwährend heran und überfährt sie doch nicht! Ich lechze nach Blut, Kleiderfetzen, zerschlissenem Menschenfleisch. Ich *will* diesen interessanten Frauenkopf mit dem wirren Haar endlich selbständig den Hang hinunterrollen sehen! Nein! Diese Lokomotive rührt sich nicht vom Fleck. Ich werde vielleicht sterben, und dieses Frauenzimmer wird immer noch über den Schienen liegen und sich anglotzen lassen von der stupiden Lokomotive.

Es ist anders gekommen. Heute früh kam ein Mann mit Leiter, Kleistertopf und Pinsel. Die Nacht mit Lokomotive und Schienensträngen und Frauenkörper ist verschwunden. Ah! endlich.

In der Bar ist Musik. Ein Kapellmeister schießt weiße Strahlenbündel von seiner Hemdbrust in das Lokal. *Alle* Damen haben die Waden des Wäschermädels. Es kommt immer logischer: Bar und Erotik, das hat denn doch vernünftige Beziehungen!

Ich will krank bleiben. Diese lustige, bunte Welt vor den Augen haben. Ich lese keine Zeitungen. Es geht uns ja so gut, oh, so gut!

Josephus

Der Neue Tag, 1. 2. 1920

III
WIENER TYPEN

Die Mülli!

Plötzlich geschah es, daß eine Frau aus einer Ecke des übervollen Straßenbahnwagens den Ruf ausstieß: »Die Mülli!« Hätte sie: »Es brennt!« gerufen, die Aufregung wäre viel geringer gewesen. Ich sah aus bleichen, bartstoppelübersäten Mannsköpfen gierige Heißhungeraugen hervorquellen, ich sah Frauen aus zermarterten Gesichtern Habichtblicke wie Pfeile abschnellen, Kinder, blasse, semmelblonde, dürr und pergamenten wie Dörrgemüse, erstaunt, erschrocken, bebend wie vor einem Großen, Ungeahnten, Schönen und doch Schauerlichen die Köpfe zusammenstecken und neugierig zwischen Armen und Beinen der Großen hindurch in jene Ecke blicken, allwo ein dünner Strahl, weiß und fettgelblich wie Elfenbein, in einer Ritze des Waggonbodens bedächtig und gemächlich rann. Die Milchkanne der Bäuerin aus Stockerau war über die Füße eines Fahrgastes gestolpert, der an einem Ersatzriemen aus Papierleinwand hart unter dem Waggondach hing, als wollte er demonstrativ die Abschaffung der Todesstrafe leugnen. Der Inhalt der Milchkanne bahnte sich viele Wege durch Ritzen und Spalten des Waggonbodens. Die Leute, die im Waggon saßen, hoben die Füße in die Höhe, aus Angst, in die Milch treten zu müssen. War es die Milch einer Zeus geweihten Kuh, vielleicht Europas? War es Milch aus den Eutern der heiligen Lämmer Mahabharathus? Was war das für eine Milch, in der die Augen aller Passagiere ehrfurchtsvoll ersoffen und vor der die Leute auf die Bänke stiegen, um sie nicht zu beschmutzen? Es war die Milch einer gewöhnlichen sterblichen Kuh aus den irdischen Gefilden von Stockerau. *Milch* war es, eine halbverklungene Sage aus den Zeiten der Vorvergangenheit für die Großen, ein weißes Silbermärchen von ungeahnten Geheimnissen für die Kleinen. Es war eine Milch wie jene, die per Liter 15 Kreuzer kostete zu einer Zeit, da die Krone noch einen Nährwert hatte und die Milch eine Valuta. Es war Milch, gewöhnliche, außerordentliche, einfache, göttliche Milch …

Es hat wenig gefehlt und ich hätte das erhebende Schauspiel erlebt, daß gestoßene, zerschundene, verhungerte, vom Kriege und seinen Anleihen gezeichnete, durchgehaltene, Schulter an Schulter überstandene, Teisinger und Tode entgangene, von Blockaden gedrosselte und von Ernährungsmaßnahmen rationierte Ebenbilder Gottes auf den Boden einer Elektrischen glatt und bäuchlings ausgestreckt gelegen hätten, um mit jenen Zungen, mit denen sie mit Hurrah Hötzendorf gepriesen, die ausgeronnene Milch zu schlecken …

Josephus
Der Neue Tag, 1. 6. 1919

»Wiener Typen«

Die Greißlerei am Eck

Interviews mit Straßentypen

Kinder der Straße sind sie. Die Straße ist ihr Heim und ihr Obdach, ihr Ursprung und ihr Ziel. Sie sind es, die der Straße erst die Physiognomie verleihen und die Eigenart, sie gehören zu ihr wie Laternenpfähle, Pflastersteine, Rettungsinseln, Plakatsäulen, Obelisken und Wartehäuschen. Sie sind das Mobiliar der Straße, von der Fabrik: Leben erzeugt und in die Großstadt als Pofel verschleudert. Der Bürger geht täglich an ihnen vorbei, gleichgültig und stumpf, weicht ihnen aus wie einem Baum am Straßenrand oder einem Rinnstein und ist angehalten, wenn so ein Möbelstück den Mund auftut oder die Hand. Und doch sind diese Denkmäler ewig menschlicher Unzulänglichkeit oder breithafter Gesellschaft mit Seelen begnadet, auch die Karikaturen Gottes, mit Herz und Hirn, mit Schicksal und Erlebnis. Es ist lehrreich, sie sprechen zu hören. Bei Interviews dieser Art besteht wenigstens die Gefahr des Hinausgeschmissenwerdens nicht. Zu Nutz und Frommen einer breiteren Öffentlichkeit seien einige hier mitgeteilt:

Der wohltätige Bettler

Herr Hirsch Garfunkel stammt aus dem Osten. Als 17jähriger Jüngling sollte er wegen seiner »schönen Stimm'« Kantor werden. Er aber glaubte, das Zeug zum Opernsänger zu haben. Deshalb verließ er heimlich, ohne Wissen der Seinigen, die Heimat und fuhr nach Amerika. Hier sang er zuerst in einigen Tempeln und verdiente so seinen Unterhalt. Aber, wie gesagt: Herr Garfunkel wollte durchaus höher hinaus, und eines Tages ging er zur Bühne. Die Theaterverhältnisse waren ihm fremd, Tratsch, Neid, Ränke der Kollegenschaft, Spott und Schabernack vertrieben ihn von der Bühne. Inzwischen hatte er ein ausschweifendes Leben geführt und seine Stimme verloren. »In dem großen Amerika«, sagt Herr Garfunkel, »ist es schwer, so ein Ding wie eine Stimm' wiederzufinden.« Deshalb kehrte er nach Europa zurück. In Amsterdam blieb er stecken, denn das Reisegeld fehlte ihm. Amsterdam ist eine alte Judengemeinde, es gibt viele reiche Glaubensgenossen, und Herr Garfunkel wurde bei ihnen, wie er sagt, »Eingeher«. Das heißt: Er ging dort ein und aus. Er war halb Tempeldiener, halb Lakai. Damals ging's ihm gut. Es gab Tage, an denen er sechs Mittagessen hintereinander verzehrte. Alles durch sein Ein- und Ausgehen. Da starb plötzlich sein Protektor, einer der reichsten Kaufherren der Stadt Amsterdam. Herrn Garfunkel war der Aufenthalt verleidet. Er bettelte sich einiges zusammen und kam nach Wien. »Wien war damals noch eine schöne Stadt«, sagt Herr Garfunkel. Er »verkehrte« in Theaterkreisen. »Die *Schratt*«

zählte er zu seinen »Bekannten«, der Schauspieler *Kamineth* war »direkt sein Freund«. Von den sogenannten »Kollektenbrüdern« unter den Schauspielern kannte er viele, darunter den Schauspieler *Benda.* Mit der Zeit hatte er sich eine glänzende Klientel erworben. Künstler von Rang, Grafen, Kammerherrn und Hofräte kannten ihn von der Straße: Jeder entrichtete ihm seinen Zoll. Da erinnerte sich Herr Garfunkel, großherzig, wie er immer war, seiner armen Brüder im Judenviertel. Sein anspruchsloses Leben ermöglichte ihm ein Auskommen mit geringen Mitteln. Den Rest verteilte er an die Armen. So ward er Wohltäter von Beruf, Spender und Bettler in einer Person. Was er tagsüber »eingenommen« hatte, verteilte er am Abend den Armen in der Leopoldstadt. Mit der Zeit erweiterte sich die »Kundschaft«, wuchs auch seine »Klientel«, und Herr *Garfunkel* legte Bücher an. Doppelte Buchhaltung gehörte nicht dazu: Es waren bloß Notizbücher. Aber genaue Verzeichnisse der Spender und Bedürftigen waren alphabetisch angelegt. Das Geschäft florierte. Heute steht der wohltätige Bettler vormittags am Graben, nachmittags in der Kärntnerstraße und wartet auf die Spender. Er grüßt von Zeit zu Zeit einen alten Herrn, spricht einige an. Aber das Geschäft geht lange nicht mehr so gut, behauptet Herr Garfunkel. »Die Wiener Leut' haben einen Geldsack, wo das Herz sein soll, früher haben sie das Herz im Geldsack gehabt«, sagt er. Ja, einmal, das war eine Zeit. Die vornehmen Herrschaften! Der gottselige Baron *Rothschild!* Und wie der alte *Bösendorfer* noch gesund war! Herr Garfunkel weiß nicht, wie alt er ist. Ich schätze ihn auf 80. Sein Bart ist silberweiß. Sommer und Winter trägt er zwei lange Röcke. Herr Garfunkel ist ein Fragment, ein Rest aus dem Trümmerhaufen der alten Monarchie. Wehmütig schleicht er über den Korso ...

Der blöde Nazi

Oder auch: der Tepp vom Alsergrund. Wer kennt ihn nicht, den überlangen Nazi mit dem allzu kurzen Spazierstöcklein, mit dem er bei jedem Schritt auf das Pflaster klopft, daß es widerhallt! Nazi geht prinzipiell niemals auf dem Trottoir, stets in der Mitte der Straße, unbekümmert von Autos und Elektrischer. Nazi hat zweifellos einen Charakterkopf: Ließe er sich seinen Schnurrbart rasieren, er würde einem Lloyd George zum Verwechseln ähnlich sehen.

Nazi heißt eigentlich Ignatz B. und entstammt einer guten bürgerlichen Familie. Nazi erzählte, daß man ihn aus der Schule entfernt habe. Er hat drei Volksschulklassen, er kann auch ein bißchen lesen. In der Früh um 7 Uhr steht Nazi auf. Er macht seine Besuche bei seinen »Stammkunden«: beim Greißler am Eck, beim Fleischhauer, beim Milchhändler, beim Schuster. Er besorgt dem Herrn Doktor vom Zehnerhaus einen Weg, bekommt sein Trinkgeld. Zu Mittag geht er nach Haus. Dann ruht er, geht spazieren. Manchmal unternimmt er Ausflüge in den Prater.

Ich sprach mit Nazi an einem sonnendurchfluteten Nachmittag im Park. Der Narr freute sich über die Sonne, über den blauen Himmel. »Schön, Herr Doktor!« rief er. »Kannst du lesen, Nazi?« »Ja, Herr Doktor, bißchen!« Er versuchte, ein Schild zu lesen. »Zu Haus«, sagt er plötzlich. Nazi ist hungrig. Er steht auf, verneigt sich höflich, zieht seinen Hut. Nazi hat Manieren.

Ich drückte ihm etwas Kleingeld in die Hand. Nazi sieht mich verwundert an. Ich reiche ihm die Hand. Nazi überlegt. Dann schlägt er ein und lacht fröhlich: »Guter Herr Doktor!«

Seinen Stock schlägt er bei jedem Schritt wuchtig auf das Pflaster. Ein paar Buben mit Schulranzen laufen ihm nach und rufen: Nazi! ... Nazi hat das Odium des Alsergrunder

Typentums auf seine hageren Schultern genommen. Er trägt seinen Namen wie ein unerbittliches Verhängnis ...

Kaspar Feitel

Zu einem großen Durchhaus »Am Hof« steht Kaspar Feitel seit Jahr und Tag. Ein blinder Musikant. In der Linken die Geige, in der Rechten den Bogen, zwischen den Lippen die Mundharmonika. Er geigt und bläst: Droben, wo die Sterne stehn ...

Kaspar Feitel hat die Sterne nie gesehen. Er ist ein blind Geborener. Aus dem Nordböhmischen ist er vor langen Jahren mit seinem Vater nach Wien gekommen. Der Vater hatte ein Puppentheater. Damit fuhr er durch ganz Mähren, Schlesien, die ungarische Slowakei: Es war eine schöne Zeit. Kaspar spielte, die »Kasperln« trieben Schabernack. Man verdiente viel.

Eines Tages fuhren sie mit ihren zwei Wagen über eine Landstraße. Sie kamen an eine Eisenbahnrampe. Im ersten Wagen saß Kaspars Vater mit seinen Puppen. Plötzlich brauste ein Zug heran. Der Vater wurde aus dem Wagen herausgeschleudert, jämmerlich zerquetscht. Die schönen Puppen waren alle hin.

Das junge Frauenzimmer, das im Puppentheater als Kassiererin angestellt war, wurde Kaspar Feitels Frau. Früher arbeitete sie in einer Dampfwäscherei. Jetzt ist sie zu alt. Ja, wenn sie auch ein Instrument spielen könnte! Aber sie kann nun einmal nichts.

Kaspar Feitel hat nicht viel. Seine Frau bringt ihm eine Suppe mit Haferreiskörnern in einem irdenen Topf. Feitel zieht einen Blechlöffel aus einer Rocktasche. Früher einmal konnte man vom Bäcker in der Willingerstraße zwei schöne Semmeln umsonst bekommen, erzählt Frau Feitel. Jetzt nicht einmal eine Brotrinde. Kaspar Feitel hungert bisweilen.

Einmal, es ist gar nicht so lange her, hätte Kaspar fast sein Glück gemacht. Er hörte die Leute vorbeigehen. Plötzlich fiel etwas auf das Pflaster. Es klang wie das Aufklatschen einer Brieftasche. Kaspar Feitel hörte zu spielen auf. Er lauschte angestrengt. Leute gingen vorbei. Hatte einer schon die Brieftasche aufgehoben?
Da tritt ein Wachmann auf ihn zu. »Segn's«, sagt er, »da liegt vor Ihna a Brieftasch' mit zweitausend Kronln!«
»Ich bin ja blind«, entschuldigte sich Kaspar Feitel. Ich gebe ihm eine Krone und sage adieu!
Kaspar nickt nur und spielt: Droben, wo die Sterne stehn ...

Der Neue Tag, 19. 5. 1919

Alte und neue Berufe

Auf dem Umweg über die Berufe des Heldentums und des Durchhaltens einer großen Zeit sind manche Überlebende bei der Notwendigkeit angelangt, ihren früheren Beruf aufzugeben und einen neuen, den Um-, Zu-, Miß- und Übelständen der Gegenwart angepaßten zu ergreifen. Die Folge dessen ist, daß die neuen, in den Straßen ausgeübten und also im wahrsten Sinne des Wortes »freien« Berufe das durch Licht- und Hoffnungslosigkeit stark verdüsterte Straßenbild Wiens um ein Beträchtliches verändert haben. Altvertraute, erbeingesessene und -gestandene Straßentypen, Repräsentanten einer gemütlichen Vorvergangenheit, personifizierte Jugenderinnerungen verschwinden vom arg vernachlässigten Pflaster wie das »Gott erhalte« aus dem Lesebuch und beweisen den Radikalismus der deutschösterreichischen Revolution gründlicher, als es sämtliche Übersiedlungen

überflüssig gewordener Mit- und Habsbürger in das bessere Diesseits eines blockadefreien Auslandes vermochten.
Manche Veränderungen im Wiener Berufsleben vollzogen sich langsam, kamen weniger plötzlich und überraschend. Als die Zeit immer größer und die Maroni immer kleiner wurden, begann sich der Seltenheitswert von Kartoffeln und faulen Äpfeln darin zu äußern, daß diese Volksaushungerungsmittel in den Kesseln der einstigen Maronibrater zu schmoren anfingen und um den Preis einer beträchtlichen Vermögensabgabe zu erstehen waren. Traurige Überreste in verlassenen Straßenecken zeugen heute noch von einer halbvergangenen, halb im Vergehen begriffenen Maronibraterherrlichkeit und muten wie vergessene Kaiserbilder in konservativen Amtskanzleien an. Aber viele andere Berufe sind mit einer Spurlosigkeit und einer Fixigkeit verschwunden, die selbst einem minder widerstandsfähigen Bankkassier Ehre gemacht hätten. Es gab »Krowoten«, die Tonpfeifen, Türschlösser, Streichholzschachtelbehälter, Korallen und Glasperlen feilboten. Heute sind das keine Bedarfsgegenstände mehr: Korallen und Glasperlen bieten mit aktivem und passivem Wahlrecht geschmückten Mitbürgerinnen kein Vergnügen mehr, sie erhöhen nicht den Reiz einer Frauenversammlung und könnten konfiszierungslüsternen Mitmenschen unverzeihliche Enttäuschungen bereiten. Streichholzschachtelbehälter sind inhaltslos wie Safes und Wahlreden und überflüssig wie eine Sozialisierungskommission. Türschlösser sind seit den Requisitionen der Volkswehr unzeitgemäß und Tonpfeifen ungebräuchlich, seitdem wir nach den falschen Pfeifen derer tanzen müssen, die uns vor- und auf uns pfeifen. Die »Krowoten« selbst aber sind Bundesgenossen der Entente geworden und wollen uns keine Waren mehr anbieten ... Auch der sogenannte »Fetzenbauer« ist dahin, seitdem die Städter mit ihren letzten Fetzen sich zum Bauer selbst bemühen und den Rucksackverkehr

anstelle des Fremdenverkehrs eingebürgert haben. Der »Rastelbinder« lebt ein poetisches Dasein nur noch selten auf den Brettern, die eine verkehrte Welt bedeuten, der »Salamutschlmann« ist sagenhaft wie seine Ware, der Dudelsackpfeifer ist in seiner böhmischen Heimat vollauf damit beschäftigt, seinen nach frischerworbenem Patriotismus dürstenden Mitbürgern *»Kdo domov muj?«* vorzuspielen, und auf seinen weissagenden und Lose ziehenden Papagei können wir, angesichts des Überflusses an Telepathen, verzichten ...
Und damit sind wir auch schon bei den Berufen unserer neuen Zeit angelangt: Menschen, die die weit weniger wichtigen Ursachen und Zusammenhänge eines Weltkrieges niemals aufzudecken imstande wären, verblüffen heute durch die Fähigkeit, mit ausgesuchter Raffiniertheit verborgene Stecknadeln zu finden, erraten sogar die Gedanken eines gedankenlosen Publikums und verdienen mehr, als sie zum Leben benötigen, durch Massensuggestion und Fernhypnose. Die wie Pilze aus dem Boden der öffentlichen Meinung nach dem Platzregen der Revolution schießenden Tagesblätter und Zeitschriften beschäftigen eine Menge Kolporteure, männliche, weibliche, alte, junge, die in sämtlichen Tonskalen die disharmonischsten Nachrichten posaunen oder flöten. Den Kolporteuren verwandt sind die Zettelverteiler der politischen Parteien, der Versammlungs- und Bauchredner. – Auf einer höheren gesellschaftlichen, aber um so zweifelhafteren moralischen Stufe stehen die politischen Agitatoren, die ihr Gewissen um ein Linsengericht verlauten und dem Volke dann jene politische Überzeugung beizubringen versuchen, die sie selbst nicht besitzen. – Sehr beliebt ist der Schleichhändlerberuf, auch ohne besondere Fähigkeiten leicht zu erfassen: Man sei am besten ein »Mindestbemittelter«, »fasse« in der Bekleidungsstelle Kleidungsstücke, gebe sich den Anschein eines harmlosen Hamsterers und fahre aufs Land. Man tausche dort die »erworbenen« Kleidungs-

stücke in eßbare Werte um und verkaufe sie in der Stadt zu den vom behördlich autorisierten Kettenhändlerkaffeehaus festgesetzten Preisen. Man betreibe die oben beschriebene Arbeitsweise mit Geduld und Ausdauer, und man ist – Schleichhändler. Noch leichter ist freilich der »Ansteller«-Beruf: Man stehe womöglich schon um 4 Uhr früh auf, gehe vor eine beliebige Paßstelle und stelle sich dort an. Zwei, drei Stunden später kommen Reisende, die nach Kiralyhida oder Lundenburg wollen. Man gehe an die Verzweifelten heran und überlasse ihnen um ein mäßiges, aber angemessenes Entgelt seinen Stehplatz. Es ist das sicherste Mittel, ohne größere Anstrengung seine 50 Kronen täglich zu verdienen ...

So wird den veränderten Verhältnissen Rechnung getragen und bleibt der rationierte Brotkartenerwerb auch in der neuen Zeit allen denen gesichert, die mit der Arbeitslosenunterstützung nicht ihr Auskommen finden. Die »Krowoten« sind Kolporteure geworden und hausieren mit der öffentlichen Meinung, die prophezeienden Werkelmänner wurden abgelöst von Telepathen, die bei Ronacher »arbeiten«, die Maronibrater heizen als Agitatoren den Kessel politischer Leidenschaften. Tüchtige Praktiker haben sich den neuen Verhältnissen angepaßt und übersetzen zeitgemäß: *Tempora mutantur* mit: *Konjunkturen* ändern sich ...

Josephus

Der Neue Tag, 31. 7. 1919

Abschied von der Schaffnerin

Am 1. November wird sie von der Plattform der eingeschränkten Wiener Öffentlichkeit verschwunden sein. Die Schaffnerin, eine Improvisation der großen Zeit, wird Zange und Diensttasche abtun und reuig heimkehren zu Küchenschürze und Kochlöffel.

Eigentlich tut es mir leid um die Schaffnerin. Von allen Neuerungen der letzten Jahre war sie zweifellos die sympathischste. Sie repräsentierte die angenehmste Erscheinungsform der Frauenbewegung, die seit der Diensteinstellung der Frauen auf der Straßenbahn fortab ihre Fortschritte nicht mehr zu Fuß, sondern mit der Elektrischen machte.

Es gab verschiedene Arten von Schaffnerinnen. Ältere, mütterliche, deren Gestalt und Antlitz von Kinderhaben erzählten, von einem Mann in Kriegsgefangenschaft, von Witwentum, von Nahrungssorgen. Sie versah ihren Dienst mit einer automatischen Sicherheit, und ihr »Vorgehn bitte!« war dienstlich, ganz unpersönlich, sie prüfte die Fahrkarte mit der Gewissenhaftigkeit einer Hausfrau, die etwa den Wäschezettel durchsieht, und ihre Art, einen Fahrschein zu lochen, war bestimmt, unfehlbar, sicher, so etwa, wie wenn sie einen Nagel in die Wand geschlagen hätte, um die Bratpfanne aufzuhängen. Sie sprach nicht viel und kannte weder Protektionen noch Konzessionen. Ihre Amtskappe saß ehrbar und gerade auf ihrem zu einem einfachen Knoten geschürzten Haar, und die Tasche hing vorschriftsmäßig vorne, nicht ein bißchen rechts oder links verschoben. Hinter dem Ohr, von einem Haarbüschel etwas überschattet, steckte ein Tintenstift. Amtskappe, Diensttasche, Tintenstift sagten: Ich kenne meine Pflicht! Wenn der Revisor kam, grüßte die Schaffnerin zuerst. Dienst ist Dienst. Sie war der lebendige, fahrende Beweis für die Gleichberechtigung der Geschlechter.

Den Gegenbeweis lieferte die »Flotte«. Sie war gewöhnlich blond, was durchaus nicht nach den Dienstvorschriften war, sondern im Gegenteil – nach irgendwelchen geheimen, göttlichen Dienstvorschriften. Auch wenn sie schwarz war, spielte ein Schimmer von Blondheit um ihre Persönlichkeit.

Sie war ganz einfach »blond«. Ihre Kappe war ein Käppi und saß schief auf dem Hinterhaupt, weil ein paar frivole Löckchen gerade Lust hatten, sich die Fahrscheine anzusehen. Sie hatte keinen Tintenstift hinterm Ohr. Ihre Tasche saß auf der linken Hüfte und machte sich ganz unscheinbar, nebensächlich, als wollte sie sagen: *Ich* bin ihr kein Hindernis! Irgendein Blümchen, blau, weiß oder rosa, steckte in der Kappenrosette und lächelte und nickte ermutigend: Ja, bitte schön! Irgendeine Halskrause, weiß oder blau, negierte entschieden jeden Dienstcharakter. Sie sah sich die Fahrscheine nur so, von oben herab, an, als wollte sie sagen: Ach, wie lästig! Ihre Zange setzte die »Flotte« mit einer Schalkhaftigkeit an die Fahrkarte, als zwickte sie neckisch irgend jemanden am Ohrläppchen. Ihr Trompetensignal war niemals scharf, dienstlich. Es war persönliche Liebenswürdigkeit drin. So eine Art Hornruf. Es war ein hellblondes Trompetensignal ... Sie rief: »Vorgehn bitte!«, und es war nicht Aufforderung, sondern Einladung. Sie zwängte ihre reizende Schlankheit anmutig durch die Menschenleiberlabyrinthe, und trat sie einem auf die Zehen, so sagte sie nichts, sondern sah ihm nur in die Augen. Man war beseligt. Sie machte keine »Anstände«, woraus Moralische den Schluß ableiteten, daß ihr mehr Anstand not täte. Sie lachte manchmal falsch, eine Stunde zu früh oder zu spät, und wenn man sich darüber aufregte, weinte sie. Ihr gegenüber war selbst der Herr Revisor ein Schwächling. Wenn sie gerade in einer »Blauen« Dienst machte und ich Fahrgast war, so wünschte ich, daß sich die Strecke in die Unendlichkeit dehnen möge. Ich fuhr bis zur Remise und ging dann zu Fuß zurück.

Und nicht immer allein.

Ihre Fußbekleidung war ganz anders als die ihrer älteren Kolleginnen. Diese hatten »Knöpfelschuhe« oder gar »Ziehstiefeletten« mit Gummieinsatz. Die Absätze waren flach und breit. Die Spitzen sahen ein bißchen gekrümmt zur Wagendecke empor. Dagegen trug die »Flotte« Halbstiefelchen mit hohen Absätzen und eine schwarze Masche an der Schnalle. Ästhetik auf Kosten der Hygiene. In einem Fach ihrer Diensttasche, dort, wo sonst Zehnkronenscheine zu liegen pflegen, lagen – Taschenspiegel und ein kleiner Kamm. Und aus der rechten Tasche des Jäckchens lugte neugierig der Zipfel einer Zuckerltüte hervor …

Die »flotte« Schaffnerin war keine Amtsperson. Eher ein Verkehrshindernis für gewisse Naturen. Ihre holde Weiblichkeit wirkte besänftigend auf reisende Choleriker. Man empfand das Stehenbleiben eines Wagens weniger lästig und stieg nicht aus, selbst wenn man zur Pünktlichkeit neigte. Und wenn man aufsprang, so zog uns ihr ewig Weibliches helfend auf die Plattform der Seligkeit hinan. Sie war das einzig liebliche Produkt des Krieges. Sie versöhnte mich sogar mit der Frauenemanzipation. Denn sie widerlegte die These von der Gleichberechtigung der Geschlechter so nachdrücklich, wie es nur – eine Frau kann. Eine schöne Frau allerdings.

Am 1. November werde ich vergeblich nach ihr suchen. Meine Straßenbahnfahrten werden nüchterne Alltagsgeschäfte sein. Der Glanz einer stillen Festlichkeit ist dahin. Ich beantrage: Einstellung der Elektrischen ab 1. November.

Josephus

Der Neue Tag, 19. 10. 1919

Das Waldmännlein vom Stephansplatz

Wer kauft Weidenruten? Heutzutage! Kann man Weidenruten schieben? Sind Weidenruten ein »Artikel«?

Oder Vogelbeeren! Wie lächerlich! Korallenrote, winzige

Kügelchen auf armselig-schmächtigen Zweiglein. Was macht man mit Vogelbeeren?
Oder ziegelrote und weiße Papierblüten aus Serviettenpapier! Ich bitte! Was ist schon so eine schwindsüchtige Papierblüte? Man kann sie nicht ins Knopfloch stecken. Wie lächerlich! Hat man schon je einen eleganten Winterrock mit einer Serviettenpapierblüte geschmückt gesehen?
Oder feingedrehte, komplizierte gewickelte Fränschen und Zipfelchen aus Kanzleipapier! Köchinnen schneiden zuweilen altes Zeitungspapier in solche Fränschen, drehen sie mit einer Haarnadel so lange, bis sie eine Art verwickelter Stalaktiten werden, und bringen sie an schrecklich weißen Küchenschränken an, wo Schubladen mit stolzen Aufschriften: Pfeffer, Zimt, Salz, Schmirgel in die öde Kachelweiße des Küchenraumes schwarz hineinstieren. Aber wer *kauft* diese fertiggewickelten Fränschen und Zipfelchen?
Lauter, lauter Nichtigkeiten! Gegenstandsloses Zeug. Alberne Nichtsnutze. Törichte Sächelchen, vom Wegrand der Zeit aufgeklaubt. Das Leben hat sie fallen gelassen oder gar, wer weiß, weggeworfen. Nein! Nicht weggeworfen! Solche Dinge sind zu wertlos, um weggeworfen zu werden. Man läßt sie fallen, achtlos! Sie gleiten aus den Taschen, zwischen den Fingern durch. Alle diese Torheiten, die das kleine Männchen am Stephansplatz zu verkaufen sich einbildet, die sind, weiß Gott! nichts, nichts, gar nichts wert. Impotenzierte Wertlosigkeit.
Ich habe nie gesehen, daß jemand etwas dem Männchen abgekauft hätte. Sein Mäntelchen ist abgeschabt-papageigrün. Die Nähte sind offen wie die scharfen, spitzen Zähnchen der Not. Auf der sanften Rundung seines winzigen Rückens wuchten viele Jahrzehnte, Jahrhunderte vielleicht. Sein Gesicht mit dem Vollbärtchen klebt in einer Wollhaube. Dieses Gesichtchen birgt sich in der Wolle wie ein Vogel in einem Nest. Wie aschgraue Mäuschen huschen verschüchterte, scheue Blicke aus den Augen.

Ich habe lange Zeit nicht begriffen, wozu das Männlein dort steht. Eines Tages sah ich es.
Ich ging um die Mittagsstunde über den Stephansplatz.
Das Männchen stand nicht auf dem Bürgersteig – sondern, o wie merkwürdig! –, das Männchen stand in der Straßenmitte. Und um ihn rauschte ein Gezwitscher und ein Gejubel von hunderttausend Spatzen. Das Männchen fütterte sie. An seiner Nasenspitze blinkte ein hartnäckiger wasserheller Tropfen. Es hatte keine Zeit, ihn wegzuwischen. Mit beiden Händen streute das Männchen Brotkrümchen. Ein sehr stilles Lächeln kollerte wohlig und rundlich über sein Gesicht. Seine kleinwinzige Gestalt verschwamm, ertrank, tauchte unter in den Wellen eines brandenden Gezwitschermeeres. Und das Männchen hatte nur *einen* Wunsch: Oh, hätt' ich doch ein Dutzend Hände! ...

Seitdem weiß ich, wozu das Männchen dasteht. Ja, ich sehe, es ist gar kein Bettler. Es ist irgendwoher aus dem sterbenden Wald mit seinen Vögeln geflüchtet. Ist sein Bärtchen nicht aus den Flaumfedern kleiner Vögel? Sein Wollhäubchen ist ein über den Kopf gestülptes Vogelnest. Und sein Mantel ist so grün, weil er aus Waldmoos gesponnen.
Ich stelle mir vor, daß es in der Seele dieses Männchens aussieht wie in einer kleinwinzigen, verlorenen Kapelle, irgendwo am Wegrand.
So wohlig und heimlich. Und eine dunkelrote Ampel brennt ewig darin unter einem Jesusbild.
Und ich weiß, wie dieses Männchen sterben wird:
Eines Morgens wird sein Kopf auf dem Körbchen mit den winzigen Nichtigkeiten ruhen. In der Nische vor der Stephanskirche.
Und von hunderttausend zwitschernden Spatzen getragen, wird seine Seele emporschweben.
Und auf seinem verschämten Holzkreuz in der Friedhofs-

ecke wird Tag und Nacht ein Spatz sitzen und Wache halten und zwitschern.

»*Requiescat in pace!*« wird er zwitschern.

Fast so schön wie ein Kanarienvogel.

Josephus

Der Neue Tag, 14. 12. 1919

»Alle Gassen, durch die wir wandern, sind Kalvarienberggassen«

100 Jahre

Bei der ältesten Wienerin

Sie kann *nur* in der Kalvarienberggasse wohnen. Kennt Ihr die Kalvarienberggasse?
Links vom Elterleinplatz in Hernals steigt sie gelinde empor. Man sieht ihr Ende kaum. Man darf sich einbilden, daß sie sacht und sorgfältig in die Ewigkeit hinanführt.
Und wie es sich für einen Weg gehört, der zur Ewigkeit führt: Rechts steht ein Kirchlein mit einer rohen Steinmauer, es sieht so lieb aus wie ein Wetterhäuschen oder ein Spielzeug. Diese Kirche scheint gar nicht gemauert, sondern zusammengepickt. Ich glaube bestimmt, die Kirche ist eigens für die Kinder von Hernals gebaut. Erwachsene dürfen nur mit einer besonderen Erlaubnis hinein.
Und links, im Zehner-Haus, wohnt Frau Katharina Fischer, die am 4. Jänner 1920 rund hundert Jahre alt geworden ist. Wenn man hundert Jahre alt ist, wohnt man selbstverständlich in der Gasse, die zur Ewigkeit führt. Geradewegs in die ausgebreiteten Arme des lieben Gottes hinein, der hoch droben steht und wartet; auf die Menschen, die mühselig den Kalvarienweg hinaufkeuchen.
Steigen wir nicht alle diese Kalvarienberggasse empor? Oh, sie liegt gar nicht im siebzehnten Bezirk allein. Alle Gassen, durch die wir wandern, sind Kalvarienberggassen.
Und wenn du mitten am Weg einen Hundertjährigen triffst, so kehre bei ihm ein.
Frau Katharina Fischer wohnt bei ihrer Tochter, die Anna Schimek heißt und die Frau eines Eisenbahnarbeiters ist. Die Frau Schimek war einmal eine stattliche Person – oh, bitte, eine sehr stattliche Frau! Im Frieden. Da konnte sie noch ausgehen, ins Geschäft, Geld verdienen. Die alte Mutter konnte noch herumgehen. Aber heute geht Frau Schimek nicht

mehr ins Geschäft, sie kann die Hundertjährige nicht allein lassen.
Wenn man hundert Jahre alt ist, muß man doch essen. Eine von den wenigen Eigenschaften, die man sich in einem noch so langen Leben nicht abgewöhnen kann.
Und Frau Schimek spart und spart, um die Mutter zu ernähren. Und wird täglich dünner. Oh, sie ist längst keine stattliche Frau mehr wie auf der Photographie in dem braunen Album mit gepreßtem Lederimitationsumschlag, dessen Spange vom vielen Auf- und Zuklappen an Sonntagen ein bißchen locker geworden ist.
Frau Schimek und ihr Mann sind sehr stolz auf die hundertjährige Mutter. Wie man stolz ist auf ein sehr kostbares Erbstück etwa. Oder einen echten Harzer, der herrlich schmetternde Tiraden auswendig kann. Wenn man hundert Jahre alt ist, wird man so ein bißchen Gegenstand.
Frau Kathi Fischer schläft auf dem Sofa im Zimmer des Ehepaares Schimek. Das heißt, sie schläft gar nicht, sondern liegt nur so. »Nach dem Essen«, sagt sie zur Entschuldigung. Wie sie so daliegt, kleinwinzig, nimmt sie kaum die Hälfte des Sofas ein. Wie eine Puppe, die ein Kind »schlafen gelegt« hat.
Frau Schimek zeigt, was ihre Mutter kann. Sie produziert sich. Die Hundertjährige sitzt auf. Sie freut sich sehr über einen Plausch. Sie darf reden.
Und sie spricht. Spricht ohne Unterlaß. Ihre hundertjährigen Hände mit den Knoten an den Fingern und den vielen, vielen tausendblauen Äderchen schießen wie Schwalben hart über der Tischplatte. Ihr zahnloser Mund sieht aus wie eine kleine Höhle, aus der ein Quell von Geschichtchen unermüdlich sprudelt. Die Gegebenheiten verhaspeln sich, verwirren sich, Ereignisse, die jahrzehntelang auseinanderliegen, rücken plötzlich zusammen, verwachsen wie Zwillinge bei Barnum. Die Hundertjährige sieht die weit voneinander entlegenen Geschichten so nahe, weil sie so fern sind. Etwa wie wir zwei

Sterne Schulter an Schulter leuchten sehen, Sterne, die Millionen Meilen voneinander entfernt sind.
Kleine Alltäglichkeiten und nicht der Rede wert. Das alte, kleine Mütterchen aus dem Volke sieht mit dem hundertjährigen Auge der Geschichte. Revolutionen, Kaiser, Kriege, Festlichkeiten. Hie und dort guckt nur ihr eigener, kleiner Alltag der Historie über die Schulter. Etwa wie ihr Mann – Gott habe ihn selig, den guten Tempeldiener – eingesperrt war. Am Jom Kipur, ja wahrhaftig, am Versöhnungstag, und wie sie ihm danach Essen brachte und seine Befreiung durchsetzte. Ja, Essen brachte sie ihm, es war Suppe mit Bohnen. Es war eine gute Suppe mit großen Bohnen.
Und den Latour haben sie die Stiegen hinuntergezerrt, ja, man denke, vier Stockwerke haben sie ihn geschleppt. Das Schicksal Latours geht ihr so nahe. Ach Gott! Und wie man geschossen hat! Es waren Fensterläden noch am Haus, und die sperrte Frau Katharina Fischer ganz einfach zu. Ja, zugesperrt waren die Fensterläden, und nun sollten sie nur schießen. Bum, bum!
Die Hundertjährige berührt mit der Faust den Tisch. Offenbar bildet sie sich ein, das wäre ein Klopfen. Und richtig! Ja, sie hat vergessen, vergessen, das Wichtigste zu erzählen! Wie Latour aufgehängt wurde. An einem Laternenpfahl.
Gottes Himmels willen! Am Ende wäre ich gar fortgegangen und im ungewissen geblieben über das endgültige Schicksal dieses Latour! Ich Tepp!
Und sechsundsechzig! Die Deutschen waren feine Leut' und sagten »Mutterl« zu ihr und bezahlten den Kaffee.
Alles ist wahr! versichert Frau Katharina Fischer. Ich kann alles glauben. Sie weiß, was sie weiß. Und ich kann mich darauf verlassen. Sie hat sich wirklich Mühe gegeben, mich genau zu informieren.
Ich soll doch wiederkommen. Sie besuchen!
Das junge Madel! meint Herr Schimek verlegen-ironisch.

Oh, sie bildet sich nicht ein, jung zu sein, die Frau Fischer. Sie ist die erste Frau in meinem Leben, die auf ihr hohes Alter stolz ist. Frauen müssen hundert Jahre alt werden, um ihr Alter offen einzugestehen.
Ich werde wiederkommen, gewiß. In der Kalvarienberggasse, die ich mein Leben lang hinanklimme, wohnt sie ja, die Hundertjährige. Ein Spielzeug aus dem Hauch der Ewigkeit.

Josephus
Der Neue Tag, 11. 1. 1920

Die Metamorphose des »Sperrsechserls«

Von vornherein sei die Aussichtslosigkeit eines Kampfes gegen eine durch Wurschtigkeit und Wahlzettelfangpolitik der österreichischen Parteien geheiligte Institution zugegeben. Eine Institution, deren Vormärztum sich dauerhafter erwiesen hat als die so oft beschworene Ewigkeit von Kronen, Dynastien, Vaterländern. Eine Institution, so österreichisch, daß sie die Wahrheit des Sprichwortes *»Austria erit ...«* hausmeisterlaternenklar beweist, und durch ihre geheimnisvolle Stabilität so irritierend, daß der Gegenwartsmensch, der von dem Unglück betroffen wird, zufällig nach 8 Uhr abends aus Mitteleuropa nach Wien verschlagen zu werden, seinen Taschenkalender von 1920 für einen faulen Zauber hält. Eine Institution, die über Revolutionen und soziale Erdbeben triumphierend ihren Haustorschlüssel schwingt und eher bereit ist, ihn auf die demütigen Häupter von Mietern und Nationalversammlungskandidaten niedersausen zu lassen, als ihn aus der Hand zu geben. Gegen eine solche Institution anzukämpfen ist vergebens.

Dennoch sei hier der Versuch gewagt, ernste Bedenken gegen den Beschluß des Reichsvereines der Hausbesorger und Portiere Österreichs zu erheben, der das Sperrgeld mit 2 Kronen festsetzen will. Wenn ein solcher Versuch weder originell noch aussichtsreich genannt werden kann, so doch immerhin mutig. Vielleicht waren die bis nun seit jeher mit Hausmeistern geführten Auseinandersetzungen zu wenig ernst, um besser wirken zu können. Man kann mit bloßen Spötteleien nicht darüber hinweg, daß der österreichische »Hausmeister« und das »Sperrsechserl« am schlagendsten beweisen, wie sehr uns der Torschlüssel zu unserer persönlichen Freiheit fehlt. Es gibt ernstere Sorgen, gewiß! Aber unter den vielen herabwürdigenden Spezialitäten, unter denen der österreichische Mensch leidet, gibt es vielleicht keine mehr demütigende als dieses Strafporto für die Beförderung seines eigenen Ichs in die eigene Wohnung.
An dem Sonntag der Märzfeier – sehr sinnreich – hielt der Reichsverein der Hausbesorger und Portiere Österreichs im Alten Rathause eine Versammlung ab, die sich zu einer – Vormärzfeier gestaltete. »Das Sperrgeld für ein einmaliges Aufsperren wird mit zwei Kronen bestimmt.« Warum nicht? Auch die Straßenbahn hat einmal ein Sechserl gekostet! Sollte der Hausmeister just billig bleiben? »Sperr- und Reinigungsgeld seien das Haupteinkommen eines Hausbesorgers, und nach der heutigen Kaufkraft des Geldes sollte man eigentlich *zwanzig Kronen Sperrgeld* fordern.« Der Reichsverein der Hausbesorger und Portiere Österreichs scheint nicht im geringsten daran zu zweifeln, daß ein Hausmeister österreichischen Stils ebenso notwendig ist wie etwa die Straßenbahn.
Ganz abgesehen davon, daß das »Sperr- und Reinigungsgeld« vielleicht in keinem einzigen Fall »das Haupteinkommen des Hausbesorgers« bildet (kennt jemand einen Hausmeister, der keinen anderen Beruf hat?), ist das Beharren auf

der Institution des Sperrgeldes seitens des Reichsvereines durchaus nicht so »proletarisch« und dem sozialistischen Zeitgeist entsprechend, wie es sich dieser Verein vielleicht denkt. Der Ursprung dieses Sperrgeldes ist doch eigentlich dem des Trinkgeldes verdächtig ähnlich. Während Straßenbahnschaffner und andere ehrlich arbeitende Proletarier das Trinkgeld als die Proletarierehre beeinträchtigend abgewiesen haben, während sich die Kellner und Friseurgehilfen vom Trinkgeld zu emanzipieren suchen, will der Reichsverein der Portiere und Hausmeister das erhöhte Trinkgeld. Das Entwürdigende des Trinkgeldes fühlt der einzelne Hausmeister sicherlich. Er macht es wett dadurch, daß er den Mieter einer noch schlimmeren Entwürdigung teil werden läßt. Denn nur so, unter gegenseitigen Entwürdigungen, wickelt sich der österreichische Verkehr ab.

Zwei Kronen Sperrgeld, das sind im Jahr *siebenhundertzwanzig* Kronen. Die *Mietzinsabgabe* beträgt bei einer Mietzinshöhe von 900 Kronen und darüber nur *fünfundvierzig* Kronen. Zu den 720 K. Sperrgeld kommen noch 100 Prozent Reinigungsgeld. Die Steuerschraube des Hausmeisters ist schlimmer als die des Staates. Selbst wenn man annimmt, daß die Tätigkeit des Aufsperrens die Möglichkeit eines eventuellen Einbruchs verhindert, so ist zu bedenken, was kostspieliger ist: hie und da ein Einbruch oder allabendliches Sperrgeld ...

Aber nicht einmal ein Einbruch wird durch die Institution des Sperrgeldes verhindert. In den größten Städten Europas geschehen weniger Einbrüche als in Wien. Ein Einbrecher nimmt sich eben selbst in Wien nicht die Mühe, beim Hausmeister anzuläuten, wenn das Kanalgitter zufällig schwer zu öffnen ist. Der Reichsverein der Hausbesorger und Portiere müßte eigentlich auch die Einbrecher zur Entrichtung eines den jeweiligen Einnahmen entsprechenden Sperrgeldes anhalten ...

Ach! So einfach ist die Sache eben nicht. Es ist nicht genug daran, daß der Hausmeister meine Verhältnisse aus dem Meldezettel kennt. Er muß auch über meinen nächtlichen Lebenswandel orientiert sein. Er muß wissen, ob, wann und wie ich nach Hause komme. Deshalb werden wir nie das Sperrgeld loswerden. Und noch eines: Den Kampf, der seit Jahren zwischen den Parteien tobt, den Kampf um den Hausmeister nicht zu vergessen. Der Herr Landeshauptmann wird gewiß eine »Zweikronensperrgeldzahlendmachung« erlassen!

Der Neue Tag, 17. 3. 1920

IV

WIENER SCHAUPLÄTZE

Nach den Plänen von Otto Wagner 1902–1907 erbaut –
ein Hauptwerk des Wiener Jugendstils

Gesamtansicht vom »Steinhof«

Die Insel der Unseligen

Ein Besuch in »Steinhof«

Da liegt sie, die Gartenstadt der Irrsinnigen, Zufluchtsort an dem Wahnsinn der Welt Gescheiterter, Heimstätte der Narren und Propheten. Goldregen leuchtet über weißem Kies, Kastanien haben festlich leuchtende Knospen angesteckt, und Lerchengeschmetter prasselt nieder aus blauen Lüften. Friedlich im Frühling und blau gebettet ist die Stadt mit dem lächelnden Antlitz und dem vergrämten Herzen. Die Häuser sind alle gleich gebaut und heißen »Pavillon«, haben römische Ziffern an der Stirnseite und fest verschlossene Pforten. Um manche ist ein Garten gebaut, und dort lustwandeln, sitzen, laufen, stehen die Hausbewohner herum. Es ist gerade die Zeit, da sie an die Luft geführt werden. Eine Frau hält beide Hände waagrecht vor sich hingestreckt, während sie auf und ab geht, rastlos, unermüdlich, immerzu, summt sie ein melancholisch-monotones Lied. Offenbar glaubt sie, ein Kinderwagerl vor sich herzuschieben. Ein Mann hockt auf dem Boden und müht sich vergeblich, deutliche Kreise in die noch harte Erde zu zeichnen. Ein anderer bewegt die Fäuste, dreht eine Faust nach innen, hält die andere waagrecht und still und verfolgt aufmerksam jede seiner eigenen Bewegungen. Aber um andere Häuser ist es still, da ist kein Garten. Das Haus der Tobsüchtigen, der Schwerverbrecher und Breitwieser-Kumpane ist dunkel und dräuend, hat fürsorgliche, feste Eisengitter, durch die von Zeit zu Zeit eine grinsende Menschenfratze heraussieht. Das Haus der Idioten ist dunkel, Trübsinn und Schwermut lagern über dem ganzen Trakt. Innen aber ist es hell, hat viele Glastüren, durch die die Sonne teilnahmsvoll ihre Stiefkinder besucht. Besucher kommen. Frauen, alte, junge, vergrämte, heitere, gleichgültige und bekümmerte. Alle tragen große Taschen, Pakete, Liebesgaben. Erst muß man zum Inspektionsarzt, bekommt einen blauen Zettel, geht in das betreffende Haus und läutet an. Ein Wärter öffnet, nimmt den Zettel ab. Dann kommt das Wiedersehen. Manche Kranke sind erfreut über den Besuch, manche sind verstört, nichts wissen wollend, die einen lachen, die andern weinen. Aber fast alle, die ich sah, durchsuchen zuerst die Taschen, die meisten freuen sich mehr über das Mitgebrachte als über den Besuch.

Hunger

Jawohl, Hunger. Auch hier hat er seinen Einzug gehalten. Ein schon genesener Patient, der jetzt mit dem Schreiben der Krankengeschichten seine Langeweile totzuschlagen bemüht ist, erzählt mir, daß Hunger und Unterernährung oft Geisteskrankheit hervorrufen und daß gerade in letzter Zeit häufig infolge Hungers tobsüchtig Gewordene eingeliefert werden. Die Nerven haben weniger Blutzufluß, sind nicht genügend »geölt«, und die Räderchen dieser göttlichsten aller Maschinerien geraten in Verwirrung. Der eine verdächtigt seine Hausgenossen, daß sie ihm das ihm gebührende Essen verweigern, um es sich selbst zuzuführen, wird tobsüchtig, schlägt drauflos. Ein anderer verliert die Fähigkeit zu denken überhaupt, starrt trübe vor sich hin: Er ist hungrig. Dem ist in der Anstalt freilich wenig geholfen. In der Früh ein fragwürdiger »Schwarzer«, zu Mittag eine Brühe, Kraut oder Rüben, zum Nachtmahl noch einmal Rüben. Erst in den letzten Tagen ist das Essen wieder etwas besser geworden. Heute ist gerade ein Fleischtag. Es gelingt mir, einen Speisezettel zu bekommen, ich zeige ihn einem Patienten. Er schüttelt den Kopf: »Süßkraut?! Ich weiß, es wird wieder Sauerkraut werden. Und mit dem Fleisch ist es auch nicht weit her!« Aber selbst wenn – es ist nicht alle Tage Fleischtag, es gibt vier Klassen, und auf die Patienten der vierten Klasse kommt Hunger- statt Fleischportion. Ihr Unglück ist im allgemeinen das gleiche – ihre Kost nicht dieselbe. Ich lasse hier den Speisezettel folgen:

Speisenfolge
für Sonntag, den 12. April 1919

	Mittags:	Abends:
III. Klasse	Graupensuppe Rindfleisch Sauerkraut	Gulasch Haferreis
IV. Klasse	Graupensuppe Gulasch Sauerkraut	Süßkraut

Militär:	Graupensuppe Rindfleisch Sauerkraut	Süßkraut
Pflegepersonen:	Graupensuppe Rindfleisch Sauerkraut	Gulasch Graupen
Traktpfleger:	Bröselnudeln	

Wien, am 11. April 1919

Interviews

Ich habe von einigen interessanten »Fällen« gehört, und ich lasse mich bei ihnen anmelden. Ob der Herr Doktor bereit wäre, mich zu empfangen? Jawohl, sehr gerne. Ein großer blonder Mann, glattrasiert, mit ausdrucksvollen Zügen, sympathischen blauen Augen, empfängt mich. »Dr. Theodosius Regelrecht, Advokaturskandidat.« Seinen Namen hat er abgelegt, er will überhaupt von seiner Familie nichts wissen, er heißt »Regelrecht« und damit basta. Er schreibt an seinen Memoiren, behauptet, viel erlebt zu haben, und ist jedenfalls eine Persönlichkeit. »Sie gehören zur Papierverwertungsbranche?« Seine erste Frage ist etwas verblüffend, ich erwidere mit einem kleinlauten »Ja«. »Ich habe also die zweifelhafte Ehre«, fährt er fort, »in Ihnen einen Teil jener unmaßgeblichen Meinung zu sehen, die man die ›öffentliche‹ nennt? Sie sind einer jener ›freien Berufe‹, die sich infolge eines fatalen Versehens der Natur nicht am Strich anbieten können und es infolgedessen über oder unter dem Strich tun! Nun, stellen Sie Ihre Fragen?« »Wie denken Sie über die politische Lage Deutschösterreichs, Herr Doktor?« »Deutschösterreich ist ein kaiserloses Kaiserreich, aber keine Republik. Reichspräsident, Staatskanzler, oder wie das Oberhaupt heißt, würde sich zum rücksichtslosesten Bolschewismus bekehren um den Preis – einer Königskrone. Sämtliche ehemaligen österreichisch-ungarischen Nationen schließen sofort Frieden und Donauföderation, wenn man ihnen gestattet, noch einmal an einem Kaiserjubiläumsfestzug teilzunehmen. Sämtliche Zeitungen würden den Staatsanwalt – ich glaube, er hieß Dr. Mager – mit einem wahren Grubenhundefreudengeheul begrüßen, wenn ihnen gestattet würde, die Rubrik ›Hof- und Personalnachrichten‹ wiedereinzuführen. Alle Telepathen und Ringkämpfer verlieren sofort ihr ganzes Publikum, wenn irgendeine Hoheit noch einmal geruht, vor einem Grinzinger Kriegsspital wieder vorzufahren, und die Sehnsucht der Wiener nach der Burgmusik ist so unüberwindlich, daß sie aus Mangel an dieser Kommunistenversammlungen abhalten.« »Glauben Sie an den Kommunismus, Herr Doktor?« »Er kann kommen, aber wenn er kommt, wird er ein Kommunismus mit einem ›goldenen Herzen‹ sein. Auch in Budapest ruft man ja ›*Eljen Kun!*‹ nur deshalb, weil man nicht mehr ›*Eljen Kiralyi!*‹ rufen kann!« »Glauben Sie an die Wiederkehr der Monarchie?« »Was ist das für eine Frage? Kommunismus oder Monarchie – beides ist deutschösterreichisch, und beide sind nicht. Im übrigen habe ich mich lange genug aufgehalten. Berichten Sie dem Irrenhaus, das sich ›Welt‹ nennt und für das Sie schreiben, daß ich, Dr. Theodosius Regelrecht, keineswegs gesinnt bin zurückzukehren. Ich bin nicht irrsinnig!«

Damit ging ich. Mein nächster Besuch galt einem würdigen, graubärtigen Herrn, der eine bunte Papierkrone auf dem Kopf trägt und sich den »letzten Kaiser« nennt. Offenbar liest auch er Zeitung, denn er ruft immer wieder: »Mich werden sie nicht absetzen!« Seine traurige Majestät ist unnahbar, also ging ich weiter.

Im Korridor eilt ein kleines, dürres Männchen auf mich zu. »Dr. Regelrecht hat mir von Ihnen erzählt. Ich bin bereit, stehe Ihnen zur Verfügung. Ich habe gehört: Die Monarchie ist aufgelöst, der Reichsrat nach Hause geschickt, und in der Nationalversammlung hat ein Staatssekretär eine Thronrede gehalten in Vertretung des Kaisers, den er zu diesem Zweck in die Schweiz geschickt hat. Oh, das Ende der Welt!« »Sind Sie nicht etwas zu pessimistisch?« »Ich? Im Gegenteil! Ich sehe nur, daß sich die Welt zu neuer Anschauung bekehrt. Seit Jahr und Tag predige ich: ›Die Welt steht auf dem Kopf.‹ Deshalb haben sie mich für verrückt erklärt. Aber jetzt *steht* sie auf dem Kopf!« »Wie sind Sie hergekommen?« »Oh, ganz einfach! Sieben Kriegsanleihen hatte ich ruhig mitgezeichnet. Als man mich aber aufforderte, noch eine achte mitzumachen, bekam ich einen Lachkrampf und rief: ›Die Welt steht auf dem Kopf!‹ Hätte ich damals, wozu wohl mehr Anlaß gewesen wäre, einen *Weinkrampf* bekommen, man hätte mich eingesperrt. So kam ich hierher und hatte durch einen monatelangen Verkehr mit Menschen, die reiche und große Ideen haben und die man deshalb ›Idioten‹ nennt, Gelegenheit, meine Weltanschauung zu vertiefen. Ich rate Ihnen: Kommen Sie zu uns! Sie sind Schriftsteller, und es dürfte Ihnen schon gar nicht schwerfallen! Denn die Ärzte glauben einem niemals, daß man vernünftig ist. Ich verzeihe es ihnen: Ihr Studium und ihr Verkehr mit Kollegen berechtigen sie zu diesem Mißtrauen. Aber kommen Sie zu uns, gründen Sie eine Zeitung. Ich will sofort abonnieren. Es soll eine satirische Wochenschrift sein, und Sie brauchen keine Witze zu verfassen! Drucken Sie bloß psychiatrische Gutachten nach und behördliche Erlässe! Und jetzt leben Sie wohl!« …

Offen gestanden: Er fällt mir schwer. Abend hüllt die Insel der Unseligen – oder Seligen? – in blauen Dunst. Nur die Kuppel der von Otto *Wagner* erbauten prachtvollen Kirche glänzt noch herüber. Vielleicht hat er recht, der kleine Professor? Ist die Welt nicht ein Tollhaus? Und ist es nicht praktisch, sich rechtzeitig ein warmes Plätzchen im »Steinhof« zu sichern? Ich werde es vielleicht doch tun. Und – eine Zeitung gründen. Ich suche auf diesem Wege Mitarbeiter …

Der Neue Tag, 20. 4. 1919

Die Toten vom Stephansplatz

Wer hätte geahnt, daß man in dieser gemütlichen Stadt über Leichen gehen könne? Kaum fünfzig Zentimeter unter dem Holzpflaster liegen Kiefer, Schädeldecken, Wirbelknochen. Oben ist ein Standplatz für Autos und Einspänner. Fünfzig Zentimeter darunter modern die Gebeine der Ahnen, oben klingt das hochdeutsch-kultivierte Duliöh der Frequentanten des »Nachtfalters«. Sie wissen nicht, daß ihr Gesang über einen gepflasterten Friedhof weht …
Die sonderbarsten Dinge geschehen in dieser Stadt: Man reißt ein Pflaster auf und feiert ein Wiedersehen mit seinen Ahnen. Ein paar vergrabene Pfund Gold hätten uns wahrlich mehr genützt. So haben wir Gelegenheit, unser historisches, paläontologisches, anatomisches Wissen zu bereichern. Kein Wiener läßt sich diese Gelegenheit entgehen. Sie kommen in Scharen: Fiakerkutscher, Autotaxichauffeure, Hotelportiers, Herren mit Privatgelehrtenhabitus und Schulkinder. Ein

Herr mit Schlapphut und einer überdimensionalen Botanisiertrommel klaubt im Schweiße seines Angesichts die Zähne seines Urgroßvaters zusammen und hält hierauf, von der Schar begeisterter Zuseher umdrängt, einen schon aber sehr freien Vortrag über Vindobona, die römische Gründung. Schon in den Römerzeiten sei hier ein Friedhof gewesen. Schauer rieselt durchs Gebein: Wie, wenn jener Unterkiefer gar nicht der des Schwiegervaters meiner Urgroßmutter ist, sondern einem biederen römischen Legionssoldaten gehört?

Die Pflasterer allein haben nicht die geringste Pietät gegenüber diesen wertvollen Funden. Was wollen diese Knochen hier? Sie stören nur. Überreste eines vergangenen Geschlechts, was hindert ihr da magistratlich anbefohlenen Fortschritt der Zivilisation? Wozu die Mahnung an eine alte Vergangenheit, da Wien im Begriffe ist, einer *neuen* anheimzufallen? ...

Oder ist es eine andere Mahnung? Mir scheint: Da die Lebenden sterben, erwachen die Toten. Bei der Belagerung Wiens durch die Türken – erzählt ein Herr, der es wissen muß – hätte man keine Zeit gehabt, die Leichen vorschriftsmäßig zu begraben, sondern hätte sie nur verscharrt. Das also wären die Gebeine jener Kämpfer. Bei der Veranstaltung einer wienerischen Kulturtat melden sich die alten Verteidiger der Stadt. Man sollte die Gebeine fein fürsorglich zusammentragen und ein Mausoleum errichten.

Jedenfalls kann jeder, der sich die Mühe nimmt, in Alt-Wiener Chroniken nachzulesen, erfahren, daß der Wiener *»Stefans-Freydhoff«* noch vor 100 Jahren bestanden hat. Sooft der Stephansplatz eine Umpflasterung erlebte, wurden Knochen gefunden.

Josephus

Der Neue Tag, 31. 7. 1919

Nach den Plänen von E. van der Nüll und A. Sicard 1845–1849 erbaut

Das Märchen vom Sophiensaal

Märchen ereignen sich mitten im Getriebe des Werktags der grauen Nüchternheit der simplen Ereignisse. Die Geschichte des Sophiensaals könnte auch ganz gut wie ein Märchen beginnen: Es war einmal ...
Also: Es war einmal ein Festsaal, der war wie ein Gedicht oder, noch besser, der Saal der Säle, der Hohefestsaal. Er strahlte im tausendfältigen Glanze der Lichter, und auf seinen Parkettböden wirbelten die zartesten weißen Halbstiefelchen an zartesten weißen Damenfüßchen. Es gab keinen vornehmen Ball, der nicht in jenem herrlichsten aller Säle stattgefunden hätte, und Prinzen und Fürsten und sonstige Märchen- oder Kinodramenpersönlichkeiten waren seine gewohnten Besucher. Und was das Märchenhafteste war: Dieser Festsaal war eigentlich gar kein Festsaal. Nein! Er

war – eine Badeanstalt. Eine zwar nicht ganz einfache, aber immerhin: eine Badeanstalt. Natürlich nur im nüchternen Schein des sommerlichen Alltags. Alljährlich aber kam Prinz Karneval dahergeritten, klopfte mit seinem Glockenstäbchen dreimal an das Tor der Sophiensäle, und plötzlich trocknete das Bassin vollkommen aus, wie seinerzeit das selige Rote Meer, und siehe da: Am Grunde des vertrockneten Sees leuchteten und lockten die bestgewichsten Parkettböden. Da ward aus der Badeanstalt plötzlich ein Ballpalast. Die vornehmsten Wiener Bälle wurden dort veranstaltet. Das allerfeinste Publikum – es war noch zu jener Zeit, da es ein feines Publikum gab – bewegte sich in seinen Räumen mit gemessener Grazie und stilvoller Eleganz.

Aber einen Schmerz noch konnte der Ballpalast nicht verwinden: Da gab es einen alten Kaiser namens Franz Joseph, dessen Höflinge behaupteten, der Sophiensaal, der herrlichste aller Ballsäle, der Hohefestsaal, das Gedicht von einem Festsaal, besäße nicht die genügende »Feuersicherheit«. Denn Hofmenschen sind böse Leute und trockene Patrone und haben nichts anderes zu tun, als bei einem Ballpalast nach – Feuersicherheit zu fragen. Also ließen sie den alten Kaiser nicht hingehen, und der Sophiensaal war sehr traurig über seine Hofunfähigkeit …

Dennoch geschah einmal ein Wunder, und der alte Kaiser kam. Es geschah aus Anlaß der dritten internationalen Kochkunstausstellung. Da war der gute Sophiensaal getröstet und feierte wieder seine heiteren Feste.

Aber da nun einmal das Glück alles Schönen und Guten auf Erden nicht vollkommen sein kann, mußte es sich der Sophiensaal gefallen lassen, daß sich just in seinen Räumen eine tragikomische Geschichte ereignete:

Franz Joseph war wieder einmal in den Sophiensaal gekommen, zu einem Fest, das kaufmännische Kreise veranstaltet hatten. Ein Herr vom Komitee hatte die ebenso ehrenvolle

wie schwierige Aufgabe, die Anwesenden dem Kaiser vorzustellen. Der gute Mann entledigte sich seiner Arbeit mit so viel Anstand, daß er einem Anstand nicht entgehen konnte. Er stellte nämlich der Reihe nach alle Persönlichkeiten folgendermaßen vor: »Herr Damian Zipfl – Se. Majestät, der Kaiser; Herr Moritz Kohl – Se. Majestät, der Kaiser; Herr Valentin Täuberich – Se. Majestät, der Kaiser« und so fort in nicht enden wollender Folge. Aber selbst ein Kaiser kann ungeduldig werden, und da Franz Joseph zu jener Zeit noch ein gut Stück Humor gehabt haben dürfte, ließ sich die so oft wiedergekaute Majestät etwa folgendermaßen vernehmen: »Es wird schon genug sein! Nennen Sie mir nur die Herren. Ich glaube, *mich* dürften doch die meisten schon kennen ...«
Solche und ähnliche Geschichten erlebte der Sophiensaal in reicher Folge. Bis plötzlich die böse Konkurrenz des Konzerthaussaales auftauchte und den Glanz der Sophiensäle um ein Beträchtliches herabminderte. Da nun aber gar der Krieg ins Land zog, da war es mit aller Pracht vorbei: Der Sophiensaal wurde ein simples Rekonvaleszentenheim. In seinen Räumen roch es nach Kampfer und Jodoform, und statt der Walzerklänge flatterten irre Seufzer kranker Menschen durch alle Winkel des Palastes ...
Nun meldet ein trockener Aktiengesellschaftsbericht: Bei der am 30. v.M. abgehaltenen 78. Generalversammlung unter dem Vorsitze des Präsidenten Oberbaurates Ferdinand *Dehm* waren 479 Aktien und 95 Stimmen vertreten. Das Objekt wird im Herbst dieses Jahres seiner *alten Bestimmung* zugeführt. Der Verlust von 49 971 Kronen 47 Heller wird auf neue Rechnung vorgetragen.
Also schließt das Märchen vom Sophiensaal mit einem schönen Ausblick. Man könnte ganz gut enden: Es *wird* einmal ...

Josephus

Der Neue Tag, 3. 8. 1919

Von einem, der auszog, das Gruseln zu lernen

Ein Besuch in den Katakomben bei St. Stephan

Es sind zwei Möglichkeiten:
Entweder man geht in die Katakomben nach vorheriger Vorbereitung, d. h. Lektüre unterschiedlicher wissenschaftlicher, kulturhistorischer Schriften. Oder aber man macht sich unvorbereitet auf den Weg, ohne Kulturgeschichte betrieben zu haben, und kommt dabei auf die Rechnung seiner Phantasie. Denn alle jene wissenschaftlichen Broschüren sind nur geeignet, dem unbefangenen, d. h. befangenen Wiener die Freude am Gruseln zu verderben. Sie erzählen z. B. mit einer unglaublichen Kühnheit, die Pestgrube sei keine Pestgrube und der liebe Augustin läge auf dem Zentralfriedhofe. Der Sarg, der aus sozialer Fürsorge für die Angestellten und Führer von St. Stephan eigens im Katakombengang stehengelassen wurde, behaupten die Schriften, wäre gar nicht der Sarg des *S.R.J. Principis Celsissimi Emerici* und in jener halbzerbrochenen, verrosteten Urne läge gar nicht das Eingeweide der letzten Meßnerin, sondern irgendeine ganz vulgäre Menschenleber. Die Katakomben hätten gar keine Untergeschosse, gar keine Geheimnisse, sondern seien ganz einfache steinerne Cafés für Menschenleichen, die längst ausgeräumt worden seien. Kurz, diese Wissenschaft leuchte mit der allerletzten, modernsten Quarzlampenkonstruktion in die dunkelsten Winkel schauerlicher Volksphantasie, und der Spuk flieht vor ihr wie der Gottseibeiuns vor einem dreimal wiederholten Paternoster.
Ich rate keinem, derlei Bücher zu lesen. Sie nehmen einem die Freude an der »Hetz« und versetzen dem Lokalpatriotismus einen Tritt auf dessen empfindliche Hühneraugen. Was soll man mit Büchern anfangen, die den heute noch deutlich am

Boden der Katakomben zutage tretenden Kalk – ich schwöre, daß es Kalk ist, echter, weißer Kalk! – nicht als Beweis für die Existenz der Pestgruben ansehen und die selbst dem lieben Augustin nicht seine selige Ruhe lassen! Selbst dem lieben Augustin nicht!

Nein, man gehe lieber mit ein bißchen Herzklopfen in den ersten Stock der Sakristei, an Monumenten, Steinsplittern, Heiligenköpfen, Büsten, Steinkreuzen vorbei, in jene Kanzlei, wo ein Mann in blauer Schürze und Hemdsärmeln mit einem bedrohlichen Zirkelzeug herumhantiert, und lasse sich, unwissenschaftlich, unbelesen, laienhaft, in jenes Buch eintragen, wo alle Besucher sorgfältig registriert werden. Man wird hierauf für den nächsten Tag bestimmt. Punkt 5 Uhr früh muß man sich einfinden. Wenn man wirklich einmal pünktlich gewesen ist, ist der Mann, richtig, noch nicht da. Er heißt Franz *Lube* und führt seit zwölf Jahren die Besucher durch die Katakombengänge. Er ist es gewohnt, daß die Leute auf ihn warten.

Nach einer Viertelstunde kommt er mit einer vierdochtigen Meßkerze, die in einem riesigen Leuchter steckt und den Auftakt zur Schauerlichkeit bedeutet. Von Rechts wegen sollte jetzt das Gruseln beginnen. Ade, blauer Himmel und Sonnenschein! Wir steigen zu den Toten in die Unterwelt. Wir werden uns angrinsen lassen von Totenschädeln und mit Mönchsskeletten per du sein. Und wenn – was immerhin möglich ist – mich unten ein zufälliger Schlag trifft, so sehe ich die Erde nimmermehr. Es muß ja auch gar nicht ein Schlag sein. Das Gewölbe kann einstürzen, ein Pfeiler in Trümmer gehen, oder gar – schrecklichster aller Schrecken! – der liebe Augustin springt aus seiner Pestgrube und fängt an, mit mir herumzuwirbeln, und wir tanzen schnurstracks ins Jenseits hinein. Also: Es tut mir leid, daß ich mein Testament nicht gemacht habe.

Links die kleine Nische mit dem steinernen Heiligenbild. Da ist ein Gitter, dessen Tor in den Angeln kreischt, ein verrostetes Schloß, in dem sich der mächtige Schlüssel nur ächzend bewegen kann. Dann wird die Eichplatte aufgehoben, und der Abstieg beginnt.

Franz Lube mahnt zur Vorsicht. Das gehört somit zum Geschäft. Die Stufen sind ordentlich, man kann gar nicht ausrutschen, selbst wenn man wollte. Aber Lube mahnt zur Vorsicht. Vorsicht ist hier die Mutter des Gruselns …

Die Meßkerze wirft unsteten Schein, als wollte sie sagen: Gruselt's dich? Da steht ein schwerer uralter Sarg mit der Inschrift *»In hac tumba iacet cadaver Celsissimi S. R. I. Principis; Emericus obiit Pie Die XXV. Februarii Anno M. D. CLXXXV.«*

Und ein zweiter Sarg, in dem, wie Herr Lube aus ganz bestimmter Quelle weiß, zwei Kinder des Gesandten von Brasilien ruhen sollen. In der Ecke ein Haufen von Schädeln und Totengerippen. Alle neben-, über-, untereinander. Feinde, Freunde. Gleichgültige, Fremde. Vergänglichkeit alles Irdischen!

An der sogenannten »Rutschen« vorbei kommst du zur Pestgrube. Die »Rutschen« ist ein Loch, durch das außer dem Tageslicht auch Staub und Lärm und Abfälle der Straße in die Stille der Katakomben dringen. Die »Rutschen« soll einstmals dazu gedient haben, minderbemittelte Leichen, wie man heute sagen würde, auf eine billige Art zu bestatten. Sie wurden einfach hinuntergeschupft wie beim Kegelspiel. Herr Lube sagte mir, daß der Wiener Ausdruck »der is auf der Rutschen« von daher stamme. »Der ist auf der Rutschen« sagt man von einem, mit dem es schon stark abwärts geht. Das wichtigste ist natürlich die Pestgrube. Michael Unkner, der Totengräber vom St. Stephansfreithoff, wurde bestochen. Roger Acacia, der Prinz von Dachem, und die anderen Lanzettenritter stiegen in das dritte Stockwerk der Katakomben, und zwar durch den Keller eines Nachbarhauses. Dort verteilten sie die Lanzetten und den Peststoff an die Verschwörer, und so wurde die Pest nach Wien eingeschleppt. Die Pest-

grube soll nun mehrere Stockwerke tief gewesen sein und viele viele Tausende Opfer in ihrem Schoße bewahren.
Heute ist natürlich vom unteren Stockwerke nichts mehr zu sehen. Vielleicht hat jene Mistreß Trollope recht, wenn sie behauptet, der Zugang zu dem unteren Stockwerke sei unter keinen Umständen gestattet, mit drei Schlössern verschlossen, und die drei Schlüssel befänden sich: der eine beim erzbischöflichen Ordinariat, der zweite bei Hofe, der dritte beim Wiener Magistrat. Wer's glaubt, wird selig.
Wissenschaftlich festgestellt ist nur, daß die Katakomben in der zweiten Hälfte des 15. Jahrhunderts entstanden sind. Die Halle unter der Sakristei der Stephanskirche soll erst im Jahre 1718 erbaut worden sein. Auch die sogenannten »neuen Gruften« existieren erst seit späterer Zeit, und die Wissenschaft beweist klar und unwiderleglich, daß die Pestgrube keine Pestgrube ist, weil die Pestkrankheit 1679 und 1713 gewütet hat, also lange vor dem Entstehen der »Pestgrube«. Vielmehr weiß ein Schriftstück aus dem Jahre 1768 zu berichten, daß in diesem Jahre die Notwendigkeit es erheischte, daß der k. Hof- und gem. Stall-Maurermeister Christian Alexander Oerdtl dem Wiener Bischof den Vorschlag »wegen machung Einer ganz neuen Krufften unter dem alldort herumbgehenden Freythoff« unterbreitete. Denn der Särge und Gebeine lagen viel in den alten Räumen herum. So wurde denn die Schaffung einer neuen Krufften bewilligt. Daß aber diese Gruft heute noch Kalkspuren aufzuweisen hat, ist dadurch erklärlich, daß ein Aktenstück vom 28. April 1732 die Leichen mit Kalk zu bestreuen anordnet. Dennoch hielt sich der Glaube an die Pestgrube bis tief in das 19. Jahrhundert hinein aufrecht. Der bekannte Wiener Arzt Johann Wilhelm Managetta lehrt, daß »von etlichen Hexen und Zauberinnen, erst wann sie gestorben und begraben seyn, die Pestilenz erregt werde«.
Als 1873 die Wiener Hochquelleitung vollendet worden war, stieg, da die Hausbrunnen außer Gebrauch blieben, der

Grundwasserspiegel so, daß die Stephansgrüfte eine starke Feuchtigkeit aufzuweisen hatten und der Modergeruch ein unhaltbarer wurde. So wurde denn die Räumung der Katakomben vorgenommen. Heute sind sie vollkommen leer.
Nein! Beim besten Willen! Ich kann nicht das Gruseln erlernen. Das kommt vielleicht davon, daß ich so belesen bin und ein bißchen Latein entziffern kann und daß mich der liebe Augustin so belustigt. Fast hätte ich vergessen, von dem zu erzählen: Kam er da trotz Seuche und Pestilenz ganz besoffen am Stephansfreithoff vorbei, stolperte und fiel in die Pestgrube. Ob er dort eine oder drei Nächte geschlafen habe, ist nicht festgestellt. Jedenfalls: Das Wunder geschah, und der liebe Augustin stand eines Tages frisch und nüchtern von den Toten auf, um sich in die nächste – Schenke zu begeben …
In dreiviertel Stunden ist die Wanderung zu Ende. Wenn man wieder einmal oben steht, löscht Herr Lube die Meßkerze mit Daumen und Zeigefinger aus, legt die schwere Eisenplatte über die Öffnung und läßt den schweren Schlüssel wieder im Türschloß ächzen.
Draußen bin ich wieder.
Während ich durch die einbrechende Dämmerung über den Stephansplatz gehe, rempelt mich jemand an. Es ist ein lustiger Patron. Er hat eine Schellenkappe auf, ein kurzes Höschen und rote Seidenstrümpfe an. Ein Narrenzepter schwingt er in der Hand.
Kein Zweifel: Es ist der liebe Augustin. So, als ob er eben von der Pestgrube aufgestanden wäre. Und da er seine alte, gute Schenke »Zum krumben Esel« nicht wiederfindet, summt er melancholisch: Alles ist hin! …

Josephus

Der Neue Tag, 15. 8. 1919

»Das neue Haus am Ring« wurde im Oktober 1888 eröffnet

Die Zukunftslosigkeit der ehemaligen Hofbühnen

Die »Mächtigen der Erde«, die Staat, Kirche und den lieben Gott okkupiert hatten, erstreckten ihre Expansionsbestrebungen auch auf die Gebiete der Kunst. Unter dem Regenschirm ihres Protektorats blieben Kunst und Wissenschaft trocken. Was sie draußen vor dem Tore hörten, ließen sie im Saale widerhallen, auch wenn sie nicht immer so billig davonkamen wie bei Goethe. Der König sprach, und zehntausend Schmarotzer liefen. Gottbegnadete Sängerinnen schlossen Herzens-und Börsenbündnisse mit Herren von Gottes Gnaden. In den letzten Jahrzehnten hatte keines Medizäers Güte mehr der deutschen Kunst gelächelt. Aber Vertreter der deutschen Kunst und die sich dafür hielten, lächelten der Güte ihrer Medizäer zu. Künstler entfalteten Knopfloch- und

Redeblumen am Strahl von Fürstengunst. Dennoch wäre es Unrecht, denjenigen, die bisher geherrscht hatten, ihre Verdienste um die Kunst abzustreiten. In Zeiten, in denen die Fürsten noch Herrscher waren, waren die Höfe Zufluchtsort und Obdachlosenheim für das von der Spießbürgermoral mit Kettenhunden gehetzte »fahrende Volk«. So entwickelten sich Protektorat und Mäzenatentum, das sich mit der Zeit auswuchs zu drückender Hofzensur, Aufzucht des Dilettantismus und Tartüfferie. Jetzt aber, da die gewissen »Mauern gefallen« sein sollen und das befreite Volk die bis nun für Offiziere bestimmt gewesenen Galerien der »Burg« stürmen darf, steht man plötzlich vor der traurigen Tatsache, daß die Wiener Hoftheater eine – Vergangenheit haben. Denn ihre Zukunft ist durch den Mangel an – Geld gefährdet.
Mit jener Leichtigkeit, die den Wiener stets gekennzeichnet – nicht ausgezeichnet – hat, wird heute von der Schließung der Hoftheater gesprochen, als handelte es sich um die Liquidierung des Kriegsministeriums oder einer Spirituszentrale. Der Schrei nach erhöhter Brotration ist gewiß berechtigt. Aber daß in einer Stadt der *Laube, Sonnenthal, Kainz* die große Masse des Publikums zwischen Schleichhandel mit telepathischen Séancen und der Thronrede eines Staatssekretärs, zwischen Rucksackverkehr und Fremdenverkehr taumelt und darüber vergessen hat, daß Wien einmal die größte deutsche Bühne besessen, beweist nur, daß die deutsche Bühnenkunst nur durch eine fatale Tragik des Zufalls ihre Blütezeit ausgerechnet in einer Stadt erleben mußte, die seit jeher mehr Glück als Verstand hatte. Man begreift langsam, aber sicher die Hohlheit der Feuilletonphrase vom »Wiener Theaterblut«, und man müßte eigentlich staunen über die Gleichgültigkeit, mit der Kriegsgewinner und Hausierer, Mäzen und geistiger Proletarier die Kunde von der Zukunftslosigkeit der Wiener Bühnen entgegennehmen,

hätte man sich das Staunen in dieser Stadt der unbegrenzten Möglichkeiten und der nicht nur vom Kahlenberg begrenzten Horizonte nicht schon längst abgewöhnt. In einer Stadt, in der ein Gemeinderat den Antrag auf Schließung der Theater damit begründet, daß die Bevölkerung »in solchen Zeiten kein Theater brauche«, und dafür dem Wehrmann im Eifer einen Ehrenposten im Neuen Rathause als sichtbares Zeichen für die Vernageltheit künftiger Sitzungen zusichert, darf einen nichts mehr überraschen. Die Hoftheater sind eben ein Luxus, einer demokratischen Republik unwürdig, und wer trotz Sozialisierung und Gleichberechtigung noch immer künstlerische Bedürfnisse hat, kann sich eine Fahrt auf dem Riesenrad erlauben oder dem Watschenmann im Prater eine »abihau'n« ...

Wenn aus den ehemaligen Hoftheatern wirkliche Nationaltheater werden sollen, so muß eben die ganze Nation, so man die »theaterfreudige« heißt, mitsteuern. Die Kriegsgewinner dieses Landes dürfen nicht umsonst gelebt haben! Von der allgemeinen Vermögensabgabe muß eben das Notwendige für die Erhaltung der Kunst abfallen. Die Behörden müssen sich klar werden, daß der Sperrung der Safes nicht die Sperre der Theater folgen dürfe. Wenn Wien ein »Kulturzentrum« werden soll, so genügt die schönste Bürgermeisterrede nicht. Pflege der Bühnenkunst muß erste und oberste Pflicht der *gesamten* Bevölkerung werden! Praterbuden und Wiener Straßenbahn werden die Fremden schwerlich anlocken. Heute, da die Kunst nicht mehr unter dem Protektorate der Herrscher steht, darf sie unter dem Protektorate der Freiheit nicht nach gekürzten Brotkartenrationen gehen ... Und das Volk ist dafür verantwortlich.

Der Neue Tag, 17. 8. 1919

Der neue Hofpark

Zwischen dem Staatsamt für Äußeres und der Rückfront des Modena-Palais, in dem der Staatskanzler residiert, gegenüber dem seitlichen Burgeingang in der Schauflergasse befindet sich eine weite Rasenfläche. Lange Zeit war sie unbenützt. Die monarchische Regierung nahm selbstverständlich keine Rücksicht auf die nachrevolutionäre Wohnungsnot. Man hielt den Rasen für einen dringenden Staatsakt und ließ infolgedessen – Gras darüber wachsen. Freilich gab es der Hofparks genug. Hätte man etwa noch einen schaffen sollen?
Aber die Republik braucht einen neuen Hofpark. Schönbrunn gehört den Invaliden. Und die neue Dynastie war sozusagen heimatlos. Freilich, ein Büro hatte der Staatskanzler noch. Aber konnte man etwa in einem Büro wie in einem Schönbrunnerpark als alter Herr sorgenschwer sitzen? Nicht nur das alte Lied verlangte nach einer sinngemäßen Textänderung. Auch die Autorität forderte ihren Rahmen. Eine Majestät ohne Park aber ist ein Unsinn. Ein Staatskanzler, der in einem Büro arbeitet – wodurch unterscheidet er sich von einem simplen Diener des Staates? Aber ein Staatskanzler in einem Park – den nenn' ich einen Staatskanzler.
Dr. Renner, der wie eine Version besagt, aus St. Germain eine unüberwindliche Vorliebe für Eisengitter mitgebracht hat, ließ also einen großen Teil der Rasenfläche einzäunen. Das soll 160 000 Kronen gekostet haben, aber das ist nicht viel, denn es ist sozusagen der Wiederaufbau Deutschösterreichs, der mit der Durchschneidung des Rasens vor der Staatskanzlei einen verheißenden Anfang genommen hat und sich in Gestalt eines Eisengitters auf gemauerter Grundlage präsentiert. Innerhalb des Rasens soll ein schmucker

Pavillon erbaut werden, in dem Dr. Renner fern vom Lärm des Tages arbeiten wird. »Der Staatskanzler als Einsiedler« dürfte dann ein Feuilleton der »Arbeiter-Zeitung« heißen. Ob die künftige Politik ihre Weltfremdheit etwa dem Milieu ihres Geburtsortes zu verdanken haben wird oder nur ihrer Abstammung, wird allerdings schwer festzustellen sein. Ein passender republikanischer Leitspruch als Torinschrift über dem Parkeingang ist noch nicht gefunden. Ich schlage vor: *Odi profanum vulgus.* Ein weiser Spruch, der etwaige unbesonnene Demonstranten von der Abfassung untertäniger Dank- und Ergebenheitsadressen an den Staatskanzler sicherlich abhalten dürfte. Im Sommer wird sich der Staatskanzler der nützlichen Beschäftigung hingeben können, Kohl zu bauen, wenn er etwa an dessen Hervorbringung durch Reden noch nicht genug haben dürfte. Der Umstand, daß gegenwärtig das alte Gras innerhalb des Eisengitters abgemäht wird, läßt darauf schließen, daß die Autorität des Staatskanzlers den Wunsch geäußert habe, im Frühjahr wenigstens das neue wachsen zu hören. Außerdem wird der Staatskanzler Gelegenheit finden, sich an heißen Sommertagen der Ruhe hinzugeben. Somit wird dann das abgeschaffte Wörtchen »geruhen« wieder in den deutsch-österreichischen Sprachschatz mit Hilfe eines Leitartikels der »Arbeiter-Zeitung« eingeführt werden können.
Mit dem Fortschreiten der Wiederaufbauarbeiten dürften auch die anderen Staatsämter und Behörden dem Beispiel der Staatskanzlei folgen. So wird die Aufstellung von spanischen Reitern vor dem Staatsamte für Volksernährung geplant, die Ausführung von Hindernisgräben vor dem Staatsamte für Äußeres, die Aufstellung von Abwehrkanonen vor dem Staatsamte für Unterricht und die Pflasterung mit Stinkbomben vor dem Gebäude der Tabakregie. Als einziges Staatsamt mit freiem Zutritt dürfte das Staatsamt für Finanzen übrigbleiben.

Die Tage, an denen Staatskanzler und Staatssekretäre im Freien arbeiten werden, werden besonders bekanntgegeben, damit rührende Einzelporträts und Familienbilder rechtzeitig in die »Woche« kommen.

Der Neue Tag, 12. 10. 1919

Das »Kaiserzimmer« im Schloß Schönbrunn

Schönbrunn

Die Besichtigung der Gemächer freigegeben

Ein Schloßhauptmann und ein Zeremoniendirektorstellvertreter und ein Diener mit einer altösterreichischen Amtskappe und ebensolchem, d. h. böhmischem Dialekt sind geblieben. Das sind die Reste des Märchens von Schönbrunn.

Die Bäume fröstelt's im naßkalten Herbstregen. Sie stehen da wie Menschen, die man im Regen zurückläßt und warten heißt und die sich nicht wegrühren können und patschnaß werden müssen.

Die Zimmer, Kabinette, die Vorzimmer, die Stiegen heißen noch so, wie man's von Zimmern und Stiegen aus Märchenbüchern erwartet. Die »Trabantenstube«, das »chinesische Rundkabinett«, das »Vieuxlac-Zimmer«, das »Millionen-

zimmer«. Und das Imperfektum in den Erklärungen des Dieners und des Schloßhauptmanns: hier pflegte ... hier stand ... hier starb ... dort wurde ... Wie seltsam glimmert das Wunder durch die Kruste von Staub und Geschichte!
Eine Stiege. Steinfliesen, blauer Plafond. Breit, herrisch. Man schämt sich vor dieser Stiege, wie man so dasteht in einem bürgerlichen Winterrock, mit aufgekrempelter und kotbespritzter Hose. Es ist die – oh, wie wunderbar! –, die »blaue Stiege«. Wohin anders kann sie führen als in die »Trabantenstube«?
Da ist eine braune zierliche Fußbodentäfelung. Ein falbes Braun, wie das der Lindenblätter im Spätherbst. Soll man darauf treten? Auf die Diele eines echten »Nußbaumzimmers«?
In einem großen, kahlen Zimmer steht ein Schreibtisch am Fenster, ein alter, sehr kleinbürgerlicher Toilettespiegel drückt sich schüchtern in einen Winkel. Und in der anderen Ecke steht das Bett, das eiserne Bett. Puritanisches Eisen. Hier starb ein alter Kaiser. Deshalb heißt es das »Sterbezimmer«.
Kaiser Karl hat die angrenzenden Appartements neu herrichten lassen. Die Kaiserin Zita sollte dort wohnen. Die Geschichte, die zu machen sie sich einbildeten, ist ihnen zuvorgekommen. Kaiserin Zita hat nie dort gewohnt.
Hat nie gewohnt in diesem großen Rosar-Zimmer.
Ein großes Gemälde, die alte Habsburg im Aargau, hängt an der Wand. Bilder des Malers Rosar. Sie sind geschmeichelte Landschaftsporträts. Als hätte der Maler der gnädigen Frau Natur beim Porträtieren zugerufen: Bitte recht freundlich! Und die Natur hätte gelächelt ... Was ist das? Ein Kabinett wie ein Tempelchen aus dem Osten. So rund, so zierlich, so wunderbar wie ein Kapitelchen aus der Geschichte von Li-Hu-Tsang und Tai-Pe-To. Pastellbildchen an den Wänden, wie hingehaucht von einem fernen, wunderbaren Ostwind, der Teeblüten im Haar trägt und kleine silberne Glöckchen um die Schultern. Das »chinesische Rundkabinett«.

Dort rieche ich den Moder der Jahrhunderte. Ein paar Kapitel Weltgeschichte liegen aufgeschichtet auf dem Bett, auf dem Napoleon schlief und der Herzog von Reichstadt starb. Der Diener, ein Interpret der Ereignisse mit böhmischer Färbung, weiß genau das Datum.
Wißt ihr, wie chinesisches Rosenholz ist? Schüchterne Röte kleiner Mädchenbrüste. Es ist eine Farbe, die Duft hat. Dazwischen indische Zeichnungen, wie mit einer Nadel, die man in Farbe getaucht, ausgeführt. Und die Zeichnungen kommen aus Konstantinopel, der Stadt am Goldenen Horn, dorther, wo das Horn am goldensten ist. Über eine Million hat die Kaiserin Maria Theresia dafür ausgegeben, für dieses seltsamfremde »Millionenzimmer«.
Ein Besen lehnt in einer Ecke und ein »Bartwisch«. Sie repräsentieren die Gegenwart. Sie spielen Realität. »Weißt du«, sagt der »Bartwisch« zum Besen, »oben, im zweiten Stock, werden hundertsieben Proletarierkinder amerikanisch gespeist!«
»So, so, amerikanisch!« meint der Besen und schielt in das chinesische Rundkabinett ...

Josephus

Der Neue Tag, 4. 11. 1919

Die Frühstückssuppe

Der Wintermorgen blinzelt kurzsichtig durch dünne Wolkenbrillen auf Schottergeröll und schmutzige Erdschollen. Sogenannte Gebrauchsgegenstände liegen »am Spitz«. Eine Blechschüssel mit einer offenen Rißwunde, wie von einer Granate zerfetzt. Ein weißer Henkel aus Porzellan zwischen rotbraunem Blättergemisch, gekrümmt wie ein poliertes Fragezeichen.

Mit einem Zipfel zwischen Wand und Deckel einer rostfleck-sommersprossigen Konservenbüchse eingeklemmt, weht der Leitartikel der vorigen Sonntagsnummer im Morgenwinde.
Es ist eine Fragmentsammlung zerschlissener Häuslichkeit, so ein schmutziger Patzen Wiese. Ein Pinselklecks auf der Palette des lieben Gottes.
Ein Wägelchen knirscht über dem Schotter. Zwei kleine galizische Ponys voran üben »Kopfnicken«!
Von dem Gefährt steigt Dampf in kleinen, zarten Säulchen empor.
Das ist die Fahrküche mit der Frühstückssuppe. Das neueste Kapitel von »Wien im Elend«.
»Am Spitz« in der Goldschlagstraße macht die Fahrküche halt. Gott- und staatsamtgewollter Rahmen für die Frühstückssuppe.
Die Fahrküche ist eine militärische. Vielleicht aus der Sachdemobilisierungsanstalt. Sie macht den behäbig-brummigen Eindruck einer Längerdienenden.
Drei Volkswehrmänner hantieren an den Kesseln herum.
Der eine hat einen Schöpflöffel aus Blech. Wenn er ihn in den Schlund des Kessels hinabtaucht, entsteht drinnen ein geheimnisvolles Gezisch. Es ist, wie wenn die Moleküle der Suppe anfangen würden zu schwatzen.
Wenn der Schöpflöffel an die Oberfläche kommt, sieht man eine gold-glühende Flüssigkeit, von Dämpfen umwallt wie im »Rheingold«. Auf dem Grunde des Schöpflöffels ruht ein Körper in unleugbarem Aggregatzustand. Offenbar ein Riff.
Während die Flüssigkeit in das Reindl der Frau Dworzak hinüberrinnt, offenbart sich das Riff als Kartoffel, Möhre oder so.
Um vierzig Heller kann man das »Rheingold« genießen.

Die Frühstückssuppe hat sich noch nicht eingelebt. Von Zeit zu Zeit kommt eine Frau mit einem Napf. Ein Schulmäd-

chen mit einer Menageschale. Ein Arbeiter mit einem Topf. Der Volkswehrmann bläst vor Kälte einen tonlosen, unhörbaren Militärmarsch in die roten Fäuste und schlägt den Takt mit den Füßen dazu.
Die Ponys stehen geduldig wie angestellte Wiener. Manchmal hebt eines den Huf und klopft an die Deichsel. Nur um die beruhigende Gewißheit zu erlangen, daß es immer noch angespannt ist.
Die Suppe ist heiß. Ihre Hitze stumpft die Geschmacksnerven ab, und man braucht sie nicht zu schmecken. Sie rinnt, eine flüssige Wohltat, wie ein kleiner Golfstrom durch den morgenkalten Körper.
Morgen, übermorgen, vielleicht in einer Woche ist sie eingelebt, anerkannt, heimisch, die Frühstückssuppe.
Sie wird die allmorgendliche Ausflüssigkeit der volksfreundlichen Gesinnung im Staatsamt für Ernährungswesen sein.
Unter Umständen wird eine schmackhafte Brühe aus den sonderbarsten Elementen: aus Anspruchslosigkeit, gutem Willen und Zubußen.

Josephus

Der Neue Tag, 10. 12. 1919

Der Schleier

So. Jetzt wissen wir, wieviel es geschlagen hat: Die Stephansturmuhr ist verpackt. Ein Zeitungspapier, offenbar ein Leitartikel, verhüllt jenes Uhrblatt, auf dem die Ziffern so lustig zu springen pflegten. Schrups! war eine Minute vorbei: Die Zeit hüpft wie ein Eichhörnchen.
Jetzt kann man nur noch den langweiligen Zeiger sehen, wie er unermüdlich immer wieder den gleichen Kreislauf

zurücklegt. Es ist eine Qual. Die Zeit hüpft nicht mehr lustig wie ein Eichhörnchen, sondern schleicht wie eine Schnecke. Ja, ja, es ist vorbei!
Ein Zeitungspapier, offenbar ein Leitartikel, zeigt an, wieviel es geschlagen hat. Er klebt zu hoch, man kann ihn nicht lesen. Aber ich stelle mir vor, was drin steht: Es ist ein Leitartikel aus den kürzlich verflossenen Tagen, an denen die Elektrische eingestellt war. Da wußten wir, wieviel es geschlagen hat. Die folgende Zeit brauchen wir nicht mehr zu sehen. Was brauchen wir auch noch die Zeit, wenn wir Zeitung haben. Es muß auch nicht täglich ein neues Blatt sein.
Es genügt immer derselbe Leitartikel, aus dem man ersieht, wieviel es geschlagen hat.
Das Antlitz der Zeitung ist verschleiert. Maskiert. Die Faschingsmaske unserer Zeit ist ein Zeitungsblatt mit erfreulichen Nachrichten, die man nicht einmal mehr zu lesen braucht, um sie zu kennen.

Der Neue Tag, 8. 2. 1920

Tiere

Im Schönbrunner Park kann man wieder die Tiere sehen.
In den Käfigen sind nur noch sehr wenige. Der Wolf läuft rasend das Gitter entlang, auf und ab, verzweifelt, daß er kein Stückchen Brot hat, um es den hungrigen Leuten zuzuwerfen, die ihn besichtigen.
Der Bär, ein sehr gemütlicher Mensch mit schwarzpolierten Fingernägeln, trägt trotz Sonnenschein und Himmelbläue noch seinen Pelz und macht sich nichts daraus. Er sitzt mit Pose und Bitte-recht-freundlich-Miene. Er hält den Käfig für ein photographisches Atelier. Augenblicklich beschäftigt er

sich damit, einen Leckerbissen, der außerhalb des Käfigs liegt, in sein Bereich zu kriegen. Plötzlich senkt er rasch entschlossen den Kopf und zieht den Brocken mit der langen, schlüpfrigen, sehr beweglichen Zunge herein.

Ein räudiges Kamel sieht aus, als hätte es seine Garderobe zum Hofschneider gegeben und liefe vorderhand in sehr blamablem Negligé herum. Ein anderes trägt seine Buckel mit hochwichtigem Ernst und ist krampfhaft bemüht, seinen Kopf recht hoch zu behalten. Manchmal bleibt es stehen, denkt ein wenig nach und sagt: langweiliges Leben.

Der Bison ist gutmütig, hat eine Schnauze wie ein preußischer Wachtmeister, fühlt sich aber sehr wohl in der Republik und macht einen durchaus demokratischen Eindruck. Nur manchmal rollt er ein blutunterlaufenes Auge nach rechts, wo ein weißgekleideter Knabe steht. Der Bison möchte ein bißchen Kinder zerfleischen.

Das Affenhaus ist geschlossen. »Kein Eintritt« steht darauf. Parlamentsferien ...

Die meisten Käfige sind leer. Die Herrschaften haben die Monarchie nicht überleben wollen und mit einer aristokratischen Geste ihre Behausungen Staatssekretären freigegeben. Ihre hochvornehmen lateinischen Visitenkarten haben sie mitgenommen.

Die Beuteltiere wissen noch immer nichts von dem Systemwechsel. Sie haben immer noch Beutel für eventuelle Nachkommenschaft bereit, obwohl sie eigentlich wissen müßten, daß eine Republik etwas auf Kinderheime und dergleichen gibt.

Die Beuteltiere sind sehr lustig. Sie hüpfen auf den Hinterbeinen und gebrauchen den Schwanz wie einen Spazierstock, der an ihrer rückwärtigen Hosennaht befestigt ist. Ihre Vorderpfötchen führen sie von Zeit zu Zeit zum Munde, um sich die Nägel mit den Zähnen zu maniküren.

Der Strauß hat lange nicht so schöne Federn wie jene Dame,

der ich beim Eingang begegnet bin. Ich bin enttäuscht, Herr Strauß!
Der Schwan sieht aus, als ob er soeben aus der »Lohengrin«-Vorstellung käme, und schwimmt leicht im Teich umher, glücklich, daß er den Schmedes losgeworden ist.
Der Oberlehrer hat ein Geiergesicht. Er geht hier studienhalber herum. Sein Fach ist Naturlehre.
Ein Menschenpaar in mittlerem Lebensalter hat sich auf einer Bank niedergelassen. Es trägt seine Jungen nicht in Beuteln, sondern läßt sie mit Kieselsteinen nach den Schwänen werfen.
Gouvernantenpapageien führen kleine Säugetiere mit Spitzenhäubchen in grünlackierten Kinderwagerln spazieren.
Eine Ameisenbärfamilie mit Uhrketten, Spazierstöcken, Regenschirmen begibt sich ins Kaffeehaus im Vollgefühl ihrer durch den zoologischen Besuch erheblich gesteigerten Menschenwürde.
Ein herabgekommener Habicht mit grünem Plüschhütchen, kariertem Kragen und sonstigem Polizeiagentenzivilfell späht nach Beutemenschen.
Sonst sind keine Tiere in Schönbrunn zu sehen.

Der Neue Tag, 7. 3. 1920

Stadtfrühling

In den Auslagen der inneren Stadtteile erblühen im März plötzlich wunderbare kostbar-durchsichtige, weiche Blusenstoffe, die Preise schießen in die Höhe, und die Kaufleute schlagen aus. Am Vormittag sind die Kaufläden halb geöffnet, und ein Auslagearrangeur setzt Frühlingswaren in die

Schaufensterbeete. Der Herr Direktor steht in der Tür, leutselig neben dem goldknöpfeknospenden Portier, wie ein hold erblühter Blumenstock. Die Sonne, die seinen Scheitel trifft, löst einen warmen Dunststrom duftender Brillantine aus. Seine Lackschuhspitzen schießen Strahlenbündel in die Höhe, leuchten in flüssiger Weißglut. Er könnte sich an seinen Stiefeln eine Zigarette anzünden.

An den Straßenecken sind die Blumenfrauen über Nacht aufgegangen mit hängenden Frühlingsgärten von Primeln, Veilchen, Leberblumen, Schneeglöckchen. Schieber in frühjahrsmäßigen Gürteltierüberzieherfellen lassen blaue Papierfetzen für ein Veilchensträußchen in die Körbe der Frauen flattern. Die Maronimänner lassen immer noch Maroni-Anachronismen braten, deren Duft wie eine aufgewärmte Winterreminiszenz in die Luft steigt. Auf den Köpfen der Damen erblühen schüchterne Stohhüte in blassen Farben, und den kurzen Rockschößen entsprießen schlanke Seidenstrümpfe. An blonden und braunen Zöpfen baumeln Schulmädchen mit Notenmappen durch die Straßen. Aus einem plötzlich gähnenden Schultor strömt eine Wolke kleiner Kinder wie loser Dampf aus einem geöffneten Maschinenventil.

Die Bettler wachsen an besonnten Mauern und nützen für ihr Gebrechen die sonnige Konjunktur aus, als hätten sie eigens zu diesem Zweck einen Vertrag mit dem Himmel geschlossen. Die Spritzwagen fahren mit breiten Wasserstrahlkämmen über das Pflaster, und ein Mann mit einer Uniformkappe stäubt Wasser aus einem Gummischlauch auf die Köpfe der Passanten. Es ist wie im Kino.

In den Gärten und Parks knospen Kinder im Gummiwägelchen und Blätter an dünnen Zweigen. Es ist Frühling.

Es ist noch ein Frühling da. Er beginnt am Gürtel.

Die Straßen sind aufgerissen, mit Geschwür und häßlichen Wunden bedeckt. In der Sonne sind die Fenster mit scheiben-

großen Pappendeckelpflastern und schmutzigen Fetzenverbänden doppelt, dreifach, tausendfach traurig.
Es sind die Straßen der hohen Löhne und der weiten Armut.
Die Häuser sind so unerhört groß, übermächtig, wie Schicksale, erdrückend mit ihrer steinernen Wucht; sie lasten auf der Welt wie ein unabwendbares Unglück. Sie haben unzählige Fensteraugen, wie böse Gottheiten; man fühlt ihren schmerzenden Blick im Rücken, wenn man auf der Straße steht.
Alle Menschen kommen aus diesen Häusern. Hier sind keine anderen Menschen als solche, die aus diesen Häusern kommen. Sie tragen den dumpf-feuchten Mauergeruch auf den Schultern.
In einem Misthaufen stochern fünf, sechs Kinder herum. Staub hüllt sie ein. Sie klauben alles auf: Tramwayfahrscheine und alte Postbüchel und Knochen und Blechdosen. Die Kinder sind selbständige Sammelbüchsen mit Gliedmaßen.
Es ist Frühling.
Am Abend traben berittene Holzbündel durch die Straßen. Sie reiten auf Menschenrücken.
Und ein Mädchen in der Straßenecke wartet auf eine Gelegenheit zu einem neuen Kostüm. Es ist Frühling.
Die Bäume in den kleinen Gartenanlagen haben *tabes dorsalis*. Ihre Knospen sind nur symbolisch gemeint. Diese kleinen Spielgärten sehen aus wie Versorgungshäuser für kranke Sträucher.
Der Frühling ist ein ganz, ganz anderer …

Der Neue Tag, 21. 3. 1920

Ringelspiel

Im März lockt eine vielversprechende Sonne hier und dort ein »Ringelspiel« aus dem Vorstadtboden. Man fährt eine endlose Straße entlang, an grauen Zinshäusern vorbei, die Kaufläden werden immer spärlicher, die Kinder schmutziger. Knapp vor dem Viadukt gähnt die Straße plötzlich, ihre Kinnbacken sind sperrangelweit offen und lassen einen freien Platz sehen, eine Wiese oder so. Man weiß nicht recht, was das sein mag. Die Stadt hat sich noch nicht entschieden, ob sie sich hier fortsetzen oder enden soll, es ist überhaupt soviel Zaghaft-Ungewisses in dem Bretterzaun, der am liebsten schon ganz auf dem Boden liegen möchte und nur noch aus Repräsentationspflichten sich mühsam-gebeugt hält; in dem Gras, das zwischen dem Grau der Straße und dem Grün des Frühlings unentschlossen aus dem Boden sprießt; in den Menschen, die am Hals eine städtische Krawatte haben und ländliche Stiefel an den Füßen.

Hier beginnen die Ringelspiele.

Der Platz badet, schwimmt im Frühlingslicht. Als hätte man aus Kübeln Sonne auf den Boden geschüttet. Kinder buddeln in aufgewühlten Erdhaufen. Ein philosophischer Pudel wundert sich über den Mangel an Fliegen bei dem Sonnenwetter. Ein paar Eisenbahner, Pfeifen im Mund, stehen wie blaue Pinselstriche in der Landschaft. Sie duften nach Steinkohle und Sehnsucht. An der Wiesenböschung rastet ein Rudel junger Menschen.

Und in der Mitte, von einem Draht abgesperrt, ist das Karussell.

Ein dicker Stamm verzweigt sich an seinem oberen Ende. Er sieht aus wie ein tausendfach vergrößertes Skelett eines Regenschirms. An langen Ketten schwanken Sitzbretter. Und zehn Burschen stehen oben auf einer Art Karussell-

Dachboden und zerren an den Ketten, immer rundherum, rundherum. Wer einen halben Tag gezogen hat, darf zehnmal hintereinander umsonst Ringelspiel fahren.
Herr Rambousek, Ringelspieldirektor, ist imposant. An seiner silbernen Uhrkette baumelt ein Elefantenzahn. Herr Rambousek hat einen Anzug aus blauem geripptem Samt. Eine Reitpeitsche schwingt er – schwups! Knall! Hast du nicht gesehn? – in der Rechten. Und nach jeder Runde läßt er einen schrillen kleinen Schrei seiner Pfeife entfahren. Die Buben auf dem Dachboden hören auf, sich zu drehen. Die Kreisbewegungen der Sitzbretter verebben auf Befehl der Pfeife. Dann geht Herr Rambousek – schwups! Knall! Reitpeitsche in der Rechten, Sportkappe in der Linken – von seinen Passagieren das Reisegeld absammeln. Zwanzig Heller für die Runde.
Drüben poltert ein Spielkasten, Polonaisen im Galopp. Rasende Baßtöne stürzen sich schnaubend auf junge Quetschlaute. Balgerei unter den Klängen. Im Bauch des Kastens muß Fürchterliches vorgehen. Die Molltöne unterliegen. Natürlich. War vorauszusehen. Wenn Herr Rambousek pfeift, liegt alles, Dur und Moll, tiefes G und hohes Cis, durcheinander auf dem Boden.
Herr Rambousek hat Familie. Alle wohnen in einem Waggon auf Rädern. Herr Rambousek kommt weit herum und ist jederzeit reisefertig. Er braucht nur zwei Pferde vorzuspannen. Und dann sitzt er auf dem Kutschbock – schwups! Knall! Hast du nicht gesehn? – Fort ist er!
Ich wüßte gern, wie Herr Rambousek das mit seinem Paß macht und mit den Grenzen.
Aus dem Waggonhaus hörst du einen Säugling jammern. Frau Rambousek ist im Negligé – es ist erst vier Uhr nachmittags.
Sie gießt mit theatralischem Schwung schmutziges Spülwasser aus einer Schüssel über den Platz. Der Pudel ist aufgeschreckt aus seinen Grübeleien. Seine Gedankenkette ist

patschnaß geworden. Er zittert, triefend vor Nervosität und Nässe.
Auf weitgespannten Schnüren hängt Wäsche. Der Wind bläht die Intimitäten der Familie Rambousek. Der Platz sieht aus wie ein Segelschiff.
Über dem Ganzen leiser Hauch einer halbvergessenen Romantik. Landstreicherluft. Drei Zigeuner sah ich einmal, lieblich war die Maiennacht ...
Vom Boden steigt warmer Märzduft empor, man riecht Blühen irgendwo. Der Säugling jammert noch immer, der Spielkasten tobt.
Und Herr Rambousek, immer obenauf, leichtbeschwingter Tänzer über der Beschwer des Alltags – schwups! Knall! Hast du nicht gesehn? – ruft: Eine Runde! Eine Runde!

Josephus
Der Neue Tag, 25. 3. 1920

Das Frühlingsschiff

Vielleicht, daß ein Schlafloser, dessen Fenster auf den Kanal hinaussieht, in der Nacht ein kurzatmiges Taktprusten der rastlosen Schiffslunge gehört hat und das leise Geklirr ausgeworfener Ketten, als das Schiff haltmachte. Das weiß man nicht. Morgens sieht man plötzlich ein weißes Dampfschiff. Es schmiegt seine Wange ans Ufer, schlingt getreulich lange Kettenarme um die Pfosten, die aus der Böschung herauswachsen, und hackt spitze Eisenklauen in die weiche Ufererde.
Das ist weit draußen, im Donaukanal.
Es ist ein Frühlingsschiff und sicherlich – wer weiß – über

Nacht aus Tiefen emporgetaucht, die bis jetzt vereist waren. Es ist ein laubweißes Haus mit unzähligen winzigen Fensterscheiben. Es raucht blaue Wölkchen aus einer langen Schornsteinzigarre. Taue und Rollen und seltsames Gestänge, Räderwerk und rätselhaftes Gerät aller Art ist auf Deck zu sehen. Windeln und Kinderwäsche spielen Segel auf ausgespannten Schnüren. Um Kiel und Bug plätschert silbriges Schaumwellengekräuse.

In einem Wächterhäuschen an Bord wohnt der Bootsmann mit seiner Familie. Er hat ein unbestimmbares Alter und stammt aus der Stormschen Novellensammlung. Nordseewind hat sich in seinem Backenbart verfangen, und an seinen Händen klebt sicher salziger Heringsgeruch. Natürlich raucht er auch eine kurze Holzpfeife, sie hängt ihm im rechten Mundwinkel wie ein eingehaktes Fragezeichen. Er spaltet Holz mit langsamen Gebärden. Seine Frau sieht ihm zu, mit einem Säugling im Arm.

Kinder werden hier geboren, wachsen auf und werden alte Bootsmänner mit Backenbart, salzigem Heringsgeruch und kurzen Holzpfeifen. Ganze Generationen von Schiffsmenschen kommen und verschwinden. Gewiß werden die Toten nicht am Zentralfriedhof begraben, sondern in weiße Segel gehüllt und an Ankertauen in die Fluten gesenkt, wo schuppengeschwänzte Nixen sie mit kühl-silbernen Armen aufnehmen.

Der Bootsmann ist, wenn ich ihn frage, aus Neutitschein und bei der Donau-Dampfschiffahrtsgesellschaft engagiert. Er ist ein simpler Neutitscheiner, er kennt nur die Donau und keine Nordsee. Und Heringe kauft er im Delikatessengeschäft.

Wozu fragen?

Kinder spielen am Donaukanalufer. Auf der schmalen wippenden Landungsbrücke, die wie eine hölzerne Zunge des Schiffes das Land bedeckt, rennen sie hin und her, dieweil der

Bootsmann schilt und dräut. Wenn man näher hinhört, merkt man ein bißchen Böhmakelndes. Wozu hinhören? Ich denke, der Bootsmann ruft ungefähr: Lüpp de Lüpp nit upp! Oder so.

Auf den alten Ufersteinen, die mit blaugrünem Moos austapeziert sind, zwischen denen grünsamtene Grasbüschel steilgekämmt und justament den Wolken ins Angesicht schauen, ist Wäsche aus der Nachbarschaft gebreitet. Die Fenster der Häuser am Kanalufer stehen weit offen. Alles ist der Sonne preisgegeben.

Das Schiff aber beherrscht, leuchtend und stolz, Fluß und Land, die Häuser und die Menschen. Am Abend, wenn sie aus den Fabriken kommen, holen sie wacklige Stühle vor die Haustüre, setzen sich in Gruppen und reden vom Schiff. In den Nächten träumen alle Kinder von weißen schwimmenden Häusern und schimpfenden Bootsmännern. Und die kleinen Mädchen von Matrosen und fliegenden Holländern.

Über Nacht ist es dann plötzlich verschwunden.

Und ich glaube nicht, daß der alte Bootsmann ein paar Kilometer weiter seine Taue ans Land geworfen hat. Sondern daß er jetzt weiß Gott in welchen Meeren mit seinem weißen Haus herumschwimmt, um an fremden Ufern plötzlich aufzutauchen.

Vielleicht hört ein Schlafloser, dessen Fenster über dem Ufer liegen, in der Nacht ein kurzatmiges Taktprusten der rastlosen Schiffslunge und silbernes Klirren ausgeworfener Ketten. Aber so bestimmt kann man das nicht sagen.

Josephus

Der Neue Tag, 18. 4. 1920

Der Wiener Großstadtmagen

Die Todesopfer des Groß-Stadtmagens

Bilder aus dem Schlachthaus zu St. Marx

Breit gelagert, über einen Umkreis von 59 000 Quadratmetern, ist das *Schlachthaus St. Marx,* die blutige Wallstatt, der Ochsen und Kälber auenumfriedetes, von der Außenwelt abgeschlossenes Feld der Ehre, auf dem sie geopfert werden für Mensch und Magen. Um fünf Uhr morgens herrscht im St. Marxer Schlachthaus sozusagen bewegtes Sterben, in der Schlachthausgasse frühes Leben. Vom Viehmarkt her schallt das Blöken der Rinder, der gewaltigen Kehle eines Todgeweihten entgrollt von Zeit zu Zeit ein kurzer dumpfer Aufschrei. Aus der Straßenbahn eilen Schlächter herbei, in trügerisches Unschuldsweiß gekleidet, und das Messer schlenkert an ihrer Hüfte.

Aus *fünf großen Objekten* besteht das Schlachthaus: Es sind fünf große *Schlachthallen* mit kleineren Schlachtkammern, von denen die meisten mit Aufzügen ausgestattet sind, mit bequemen *Kühlräumen,* die wie große Banksafes aussehen, mit eisernen, dichtgeflochtenen Türen versehen, mit *Ställen,* unterirdischen und ebenerdigen, in denen die frommen Schafe demütig und menschergeben vor den Krippen stehen, mit eisernen Ketten an ihr Schicksal gebunden. In diese Stallungen (Vorhöfe des viehischen Jenseits) gelangen die Tiere aus dem Viehhof durch ein breites Doppelflügeltor. Sie schreiten, dumpf, ohne Widerstand – die Ahnung des kommenden Todes überschattet ihre breiten weißen Stirnen, macht ihren Trott leichenfeierlich und langsamer – eine breite, sanft ansteigende Straße empor, den Golgathaweg der Tiere. Begleitet von ihren Treibern, die keinen Zwang mehr anzuwenden brauchen.

Es ist ungesund, die Tiere unmittelbar nach dem Auftrieb zu

schlachten, solange die Erregung in ihren Gemütern noch nachzittert. Sie ruhen im Stall aus, mit breiten, mahlenden Kiefern ihre vorletzte und letzte Mahlzeit kauend. Die Ställe sind groß und durch Wände in Kammern geteilt – eine Vorsichtsmaßregel, die das leichtere Absperren verseuchter Tiere ermöglicht. Nur einige unterirdische Stallungen, dumpf und ohne Licht, die »Stallkatakomben«, müssen vorläufig noch benützt werden, bis (im September dieses Jahres) die Neubauten fertig geworden sind. Diese Keller sind schaurig und mittelalterlich und erinnern an die »Verließe«, in denen zum Tod Verurteilte ihre letzten Tage zubringen müssen. In den Ställen finden 2 300 Rinder Platz.

Der Auftrieb der Tiere

Von den Ställen führt der Todesweg des Tieres zur – metaphorischen – »Schlachtbank«. Es ist keine »Bank« da – in der großen Halle sind nur Pfosten vorhanden, an welche die Tiere angebunden werden. Hoch oben sind die Fenster angebracht, aus unerreichbarer Höhe dringt das letzte Licht einer grausamen Welt sparsam und traurig herein. Es riecht nach geronnenem Blut, seit 80 Jahren rinnt hier Blut, zum Wohle der Menschheit. Tag für Tag von 6 Uhr früh an vergossenes. Den Boden deckt gleichgültiges Steinpflaster, glattes, glitschiges, in der Mitte gewölbtes. Jeden Tag flutet kaltes, reinigendes Wasser über diese Steine, und sie sind sauber und in Unschuld gewaschen und sehen aus wie am ersten Tag. Hoch oben, vielfach gewölbt, ein steinerner Plafond, hinter dem sich Gott, unsichtbar und taub, verbirgt.

Die Schlachthallen in Betrieb

In diesen Schlachthallen können täglich in Intervallen 1400 Rinder »geschlagen« werden – zu gleicher Zeit aber nur 350. Hier lassen die Großlieferanten ihr Vieh schlachten, dazu verwenden sie die »Lohnschlächter«, Mitglieder und Gehilfen der »Arbeitsgenossenschaft für Schlachtungen«, geprüfte Schlächter, die das Messer sicher führen. Die kleinen Fleischhauer arbeiten mit eigenem Personal. Die heißesten Tage sind jene der Großmärkte. Montag und Freitag. An 140 Schlachtständen rinnt das Blut unaufhörlich. An 140 Ständen sinken die wehrlosen Tiere in die Knie, vom betäubenden Gnadenschlag bewußtlos geworden. Aus 140 gutgetroffenen Kehlen schießt der Strahl des roten Lebens.
Die Luft des Schlachthofes macht die kraftstrotzenden prächtigen Tiere willig und ergeben. Ein sanfter Mahnruf des humanen Todesengels genügt, eine leise Berührung des Opfers, und es gibt den nutzlosen Versuch auf und widersteht nicht mehr. Ein sanftes Wedeln mit dem nervösen Schweif wie ein letzter Gruß an die versinkende Welt. Der fromme gute Blick schweift an den Menschen vorbei – in eine kaum erahnte Ferne dringt er durch Körper und Wände. Noch einmal sträuben sich die weichen Pelzhaare, ein kleiner Schauer streicht die Wirbelsäule entlang. Aber die Augen bleiben offen und traumverloren, das Lid zuckt nicht, das Tier scheint den Arm, der sich eben zum vernichtenden Schlag erhebt, gar nicht zu sehen. Es steht einsam inmitten seiner Todesgefährten und der tötenden Menschen, nicht mehr von dieser Welt, bereit für die Ewigkeit. Der mächtige Schlag gegen eine bestimmte Stelle des Hirns tötet schonungsvoll jede Empfindung, ehe das Messer angesetzt wird und das Tier, durch den ersten Schmerz zum halben Bewußtsein wiedergelangt, die Augen noch einmal aufschlägt, zum letzten Mal. Es ist einer der wenigen Augenblicke, in denen

jedes Tier vollkommen menschlich wird durch die Macht des Todes.
Dann hängen sie nebeneinander, die Leiber, aus denen die wühlende Hand des Schlächters Eingeweide und irdischen Schmutz entfernt; die sauberen Tierleichen mit den friedlichen Köpfen, mit totem Gehirn, erstorbenen Nerven. Sie kamen einst weit her, aus *Rumänien*, *Ungarn*, *Jugoslawien*, und nur wenige waren in dem Land geboren, in dem sie starben. Viele Tagereisen lagen hinter ihnen, Tage in engen, finsteren Waggons, in denen sie furchtsam und erschreckt durch fremdes rollendes Geräusch ihre warmen Leiber aneinander rieben, weite Fahrten unternahmen sie nach dem unerforschlichen Willen einer höheren Gewalt, um am Ziele ihr Leben zu lassen – wie dereinst die Marschkompanien. In die sauberen

233 Kühlzellen

gelangen sie, wo das Eis vom 158pferdekräftigen Elektromotor erzeugt wird. Teile, die leicht verderben könnten, dürfen hier nicht eingelagert werden. In diesen Kühlräumen, die sich etwa auf 1540 Quadratmeter erstrecken, ist man sorgsam auf Appetitlichkeit bedacht. Das Blut gelangt in die Fattingersche Blutverwertungsanstalt, und die Menschen gewinnen auch daraus allerlei chemische Stoffe. Der Dünger wird in Eisenbahnwagen geschüttet und zu guten Preisen verkauft. Der Mensch versteht die Tiere großartig auszubeuten. Wie viele ihm auf Erden anheimfallen müssen, kann man sich vorstellen, wenn man erfährt, daß im St. Marxer Schlachthaus allein vom Jänner bis Ende Juni 1923 – 64 423 Rinder, 11 518 Kälber geschlachtet wurden. Dazu kommen noch Schafe, Lämmer, Ziegen, Kitze und Pferde.
Im *Laboratorium*, in das mich der liebenswürdige Schlachthofleiter Dr. *Moser* geleitet, leben idyllisch Kaninchen und

Hasen: Versuchstiere. Auch sie dürfen sich nicht eines ungestörten Lebens erfreuen. Dr. *Hennenberg* nimmt ihnen Blut ab, um jenes *Serum* zu gewinnen, durch das die Zusammensetzung der Würste geprüft werden kann. Die Rinder tötet man, die Kaninchen läßt man leben, und der Mensch bleibt – ein schlachtender Herr der Schöpfung – Sinn und Zweck alles tierischen Lebens.

Josephus

Wiener Sonn- und Montagszeitung, 9. 7. 1923

Die alte Reichsbrücke

An der Alten Donau

Riviera in Kagran

Am Ufer der Alten Donau, jenseits der *Reichsbrücke*, halten die unbemittelten Menschen ihren Rivierasommer ab. Ihr bescheidener Blick ignoriert das andere Ufer des Flusses und ruht auf den nächstplätschernden Wellen. Wenn man das phantasiebegabte Auge ein wenig zusammenkneift und die Geographie vergißt, kann man den ewigen Wogenschlag des Meeres beobachten. Manchmal kommt unserer Illusion ein Dampfer zu Hilfe und den Fluß hinunter, mit rauchendem Schlot und abenteuerlichem Mast und winkenden Insassen. Gewiß fahren sie jetzund hinaus in die See, die Kontinent mit Kontinent verbindet.
Man darf nur keine übermäßigen Forderungen an die Rivieragäste stellen. Im Badeanzug sind alle Menschen gleich, es trägt kein Milliardär sichtbare Abzeichen seiner Größe am Schwimmkostüm. Das macht die ausgleichende Gerechtigkeit des Wassers. Jener dort mag in Zivil ein Arbeitsloser sein. Ohne Zivil ist er ein Badegast in besten Verhältnissen. Erst wenn er den Strand betritt, offenbart sich sein sozialer Grad. Unsere Gesellschaftsordnung ist eine festländische. Am Ufer beginnt sie bereits.

Promenadenkonzert

An diesem Strande kampieren nämlich *Hunderte Proletarierfamilien* mit Kindern, Hunden, Wagen, Wiegen, Säuglingsflaschen, Regen- und Sonnenschirmen, großen und kleinen. Es fehlt nicht an Musik. Das obligate Strandkonzert besorgen *Grammophone*. Ich stelle mir vor, daß einmal, vor Jahren, diese Melodien den Instrumenten einer Rivierakapelle entströmt sind, eingefangen wurden in den Mechanismus aus Blech und Hartgummi, um jetzt über den Badestrand der Mittellosigkeit zu tönen. Es rasselt ein Wagner-Marsch aus blinkendem Trichter, mit jener flotten Fixigkeit gespielt, die das untrügliche Kennzeichen einer Strandpromenadenkapelle ist. Noch weht Salzluft des Originals in der tausendsten Grammophonkopie.

Kinder, Hunde, Greise

Die Kinder, mit übermäßigen Bäuchlein behaftet und krummen Beinchen, sind nackt. Auf ihre kranken, weichen Knochen scheint gütig die liebe Sonne herab. Die Mutter säugt das Jüngste unter dem löcherigen Regenschirm. Die Regenschirme sind die Strandkörbe dieser Riviera.

Den Hunden geht es hier besser als den Menschen. Befreit vom polizeilichen Leinenzwang, rasen sie in wilden Sprüngen kreuz und quer, graben sie mit eifrigen Pfoten Knochen aus, schießen sie weitgeschleuderten Papierknäueln nach, kostbaren Objekten hündischer Spiel- und Sehnsucht. An dieser Riviera leben die ungezogenen Hunde. Ihre Rasse ist niemals zu konstatieren, Pudel, Dackel, Wolf sind in einem vertreten. An der wirklichen Riviera trotten adelige Seidenpinscher hinter Damen an rosafarbenen Schnüren. Brave Pinscher, besteuerte Luxustiere. Nie würde ein Hund von Kagran mit ihnen tauschen.

Ein altes Ehepaar, Großvater und Großmutter, lagert halbnackt, und ein Regenschirm eint sie und die Gemeinsamkeit eines langen Lebens und die Erwartung eines nahen Todes. Auf der warmen atmenden Erde liegen sie. Harmloses Getier kriecht über sie. Bald werden sie unten liegen, und die Tiere werden nicht mehr harmlos sein. Durch das Loch im Dach des Regenschirmes sieht der alte Mann ein kreisrundes blaues Stück Himmel. Mehr braucht er nicht. Als er noch jung wahr, wölbte sich über ihn der ganze, grenzenlos blaue Horizont wie jetzt über die anderen, Jungen.

Wo wohnen die Strandmenschen?

Kaum fünf Minuten vom Ufer entfernt ist eine *neue Stadt* entstanden. Primitive Hütten aus Lehm, Holz und Pappe, regellos nebeneinandergereiht, von Grün umsäumt, von Kohl- und Krautköpfen, von kläffenden Kettenhunden bewacht. Das große Volk der *Wiener Obdachlosen* wohnt hier. Jeder Tag sieht neue Hütten entstehen; Hütten aus Holz, Pappe, Lehm; mit gutgemeinten Aufschriften: »Klein, aber mein«; »Eigener Herd«; »Villa am Strande«; »Häuslein am Rain«. Schüchtern wächst ein Obstbaum am Gartenzaun. Auf schwanker Leiter steht der Hüttenbesitzer und verleiht seinem Besitz die letzte malerische Vollendung. Aus der Mitte des Daches ragt der Schornstein aus Blech empor. Am Giebel bemüht sich ein kleines Wetterfähnchen, die Richtung des Windes zu erkunden. Findige Schwalben, gar nicht prätentiöse, nicht auf Prachtfassaden versessene, haben hier Nester angebracht. Im nächsten Frühjahr werden die Störche hierherkommen – die naturhistorischen. Die legendarischen haben hier das ganze Jahr über zu tun. Ich sah es – am Strande. Heute und morgen und solange es warm bleibt, sind die Kochherde leer, und die Kurgäste essen kalt, draußen, am Ufer. Dort wird ihr Appetit größer, aber sie vergessen es leichter. Wenn es kalt ist und regnet, ist es schwer, in diesen Hütten den Hunger, die Arbeitslosigkeit und die schlechten Kleider zu vergessen. Außerdem heißt dieses ganze Gebiet: *»Inundationsgebiet«*. Es ist ein Fremdwort, und die Bewohner dieser Riviera verstehen seine grausame Bedeutung vielleicht nicht. Wie, wenn eines Tages die friedliche Donau ihnen dieses furchtbare Latein erklärt?

Josephus

Wiener Sonn- und Montagszeitung, 16. 7. 1923

V
REISE DURCHS HEANZENLAND

Die Grenze

Doktor Valentin Langensack, mein Geographieprofessor, pflegte immer zu sagen, es gäbe zwei Arten von Grenzen: natürliche und politische. Und dann folgte mit unfehlbarer Sicherheit die Frage: »Welche sind die natürlichen, welche die politischen?«

Berge, Flüsse, Seen, Hügelketten sind die natürlichen. Die politischen sind doppel- oder dreifarbige Holzrampen, Schilderhäuschen, Finanzwächter in natura. Auf der Karte dargestellt als Punkte, Striche, Linien usw.

Als Doktor Valentin Langensack – Gott habe ihn selig! – noch lebte, gab es nur zwei Arten von Grenzen.

Nun, da er tot ist, gibt es zwar immer noch politische Grenzen, aber längst keine natürlichen mehr, sondern *unnatürliche.*

Auch sind die politischen Grenzen nicht mehr Punkte, Striche, Linien usw., sondern Schikanen, Leidenswege, Passionen, Golgathas, Kreuzigungen: mit *einem* Wort: *Visitationen* ...

Man kann auf verschiedene Weise nach Deutsch-Westungarn gelangen: über Ebenfurt oder durch den Wald, auf Schmugglerpfaden oder über Wiener-Neustadt.

Ich wählte Wiener-Neustadt.

Am Ringplatz ist die Polizeidirektion, und hier beginnt die unnatürliche Grenze. Denn seltsamerweise genügt ein vorschriftsmäßiger deutschösterreichischer, mit allen Visa versehener und mit allen unleserlichen Unterschriften sämtlicher Polizeiräte und -kommissäre der Welt vollgeschmierter Paß nicht, um die Grenze zu überschreiten. Man muß sich außerdem noch eine Grenzüberschreitungsbewilligung in Wiener-Neustadt holen. Und das ist der Anfang der Grenze.

Diese selbst liegt eine halbe Stunde hinter Wiener-Neustadt.

Es ist Abend, und da ich leider kein Schleichhändler bin, habe ich die Absicht, am Morgen die Grenze zu überschreiten.
Um aber in Wiener-Neustadt übernachten zu können, muß man in Mattersdorf geboren sein. Ausgerechnet in Mattersdorf. Das erfuhr ich im Hotel Central, wo ich demütig fragte, ob ich ein Zimmer haben könne. Darauf erhielt ich keine Antwort. Nichtsdestoweniger wartete ich. An der Grenze gilt das Sprichwort: Keine Antwort ist nächstens eine Antwort.
Vor mir stand ein Herr und füllte einen Meldezettel aus. Dann verschwand der Herr, und ich nahm seinen Platz ein. Vor mir lag sein Meldezettel.
Ein Stubenmädchen kam, las den Meldezettel und sah mich an. Dann sagte sie mit spontaner Herzlichkeit und Rührung in der Stimme: »Ich gebe Ihnen Nr. 52. Aber nur, weil Sie aus Mattersdorf sind.« Worauf ich schwieg und mit dem Stubenmädchen auf Nummer 52 ging.
Als ich meine Sachen abgelegt und den Türschlüssel eingesteckt hatte, zog ich meinen Revolver und sagte sehr liebenswürdig: »Fräulein, ich bin gar nicht aus Mattersdorf. Der Meldezettel ist von einem anderen Herrn.«
»So«, sagte sie, »dann hätte ich Ihnen das Zimmer nicht gegeben.«
»Sie werden es nicht bereuen«, erwiderte ich, steckte den Revolver ein und gab ihr eine Zehnkronennote.
Also kam ich zu einem Zimmer in Wiener-Neustadt, *ohne* in Mattersdorf geboren zu sein. Glück muß man haben! ...
Am Morgen ging ich eine halbe Stunde lang, ehe ich die eigentliche Grenze erreichte. Es führt zwar ein Geleise direkt von Wiener-Neustadt nach Sauerbrunn, aber der Zug verkehrt nicht. Erstens, weil es eine unnatürliche Grenze ist, zweitens, damit die Reisenden ihre Koffer schleppen können.
An der Grenze stehen sechs Gendarmen und ein Polizeispit-

zel. Einer der Gendarmen besieht sich den Paß, ein zweiter tastete mich ab und fragte: »Haben Sie keine Ware?«
Wie naiv! Ich bin doch neugierig, ob ihm ein Schmuggler schon je gestanden hat, daß er Ware mithabe.
Nichtsdestoweniger sage ich vorschriftsmäßig: »Nein!«, worauf ich passiere.
Zwanzig Schritte weiter versucht ein analphabetischer Rotgardist einen Paß zu buchstabieren. Das dauert lange. Ausgerechnet an *meinem* Paß will der Gute Deutsch lesen lernen. Ich muß ihm zwei Zigaretten geben, worauf er jeden Versuch zu studieren auf- und mir den Paß zurückgibt.
Drüben beginnt *Neudörfl.*
Neudörfl ist die Introduktion vom Heanzenland. Dieses Diminutiv »Dörfl« verstehe ich nicht recht. Es sollte *Neudorf* heißen. Das Dorf besteht aus einer einzigen Straße, die unglaublich lang und zu beiden Seiten von weißen Häuschen bestanden ist. Es ist Sonnabend und großes Reinemachen. Blonde Kinder spielen im Straßendreck. In einem fernen Gehöft grunzt behaglich ein Schwein. Ein Hahn spaziert in der Straßenmitte. Zwei Enten patschen in einem Tümpel.
Da Neudörfl gar nicht die leiseste Absicht hat aufzuhören, beschließe ich, es eigenmächtig zu unterbrechen, und betrete ein Gasthaus. Der Wirt ist ein Ungar, die Frau eine Deutsche. Ein Knecht ist ein Deutscher, eine Magd Ungarin. Der Wirt ist sehr gut zur Magd, die Wirtin zum Knecht. Wahl- und Stammesverwandtschaft, Liebesromane und Eheskandale an der Grenze.
Nach einem Viertel Rotwein beginnt wieder Neudörfl. Ein Bäuerlein kommt aus der Kirche. Ich frage nach dem Herrn Pfarrer. »Den hat der Schlag troff'n, gestern«, sagt er. »Lebt er noch?« »Jo, oba lang nimma. Auf den Kun Bela wor der so zurnig gwest, und jetzt'n hat ihn der Schlag troff'n!« klagt der Bauer. »Freun Sie sich, daß der Kun weg ist?« »Oba freili. Dös war nimma zum Aushalten gwest.« »Wissen Sie, daß sie

jetzt zu Deutschösterreich gehören?« »Noch net! Oba's kummt scho! Kummen Sö von Wean?« »Ja.« »Ah, ah, von Wean«, sagt er schmunzelnd, und seine Äuglein leuchten. Hinter der Kirche hat endlich Neudörfl aufgehört. Links ist Waldheim am Lichtenwerd. Ein Gasthaus. Drin sitzt ein deutschösterreichischer Gendarm in voller Ausrüstung. Was macht der hier? Doch nicht schon Okkupation? Um Gottes willen! Nein! Waldheim am Lichtenwerd ist nämlich – wieder Deutschösterreich! Nun sage mir einer, das wäre keine unnatürliche Grenze. Ein deutschösterreichischer Hemdzipfel liegt zwischen Ungarn und Ungarn. Und auf dem Hemdzipfel ein Gasthaus, und im Gasthaus ein Gendarm! Welch eine seltsame Grenze!

Gleich hinter dem Gasthaus beginnt der Wald. Im Walddunkel steht ein Mann mit einem Revolver und ruft: »Hände hoch!« Auf diesen Anruf hin bleiben vier ungarische Rotgardisten stehen, die gerade nach Waldheim wollten. Der Polizeiagent tastet sie ab, kommandiert: »Vorwärts! Marsch!« und führt sie in das Innere des Waldes. Es ist doch ein bißchen unheimlich an einem Orte, an dem ein Land noch nicht aufhört und ein zweites noch nicht beginnt.

Wer die Gelegenheit sucht, sich zu ärgern, kann den Rest des Weges neben dem Eisenbahngeleise bis *Sauerbrunn* zurücklegen. Welch schönes Geleise! Wie leicht könnte da ein Zug verkehren! Und man müßte nicht »Hände hoch!« rufen und brauchte keinen Gendarmen zu sehen, und es wäre überhaupt viel behaglicher!

Aber nein! Grenzen sind nun einmal unbehaglich Ja! als mein Geographieprofessor noch lebte und sie nur in politische und natürliche einteilte, war die Sache freilich anders! Nun aber, da er tot ist, gibt es nur noch unnatürliche ...

Der Neue Tag, 7. 8. 1919

Der Anschluss Deutsch-Westungarns

Ödenburg, am 7. August

Solange Bela Kun regierte, stand es zweifellos fest, daß eine eventuelle *Abstimmung* über den Anschluß Westungarns an Deutschösterreich zugunsten Deutschösterreichs ausfallen würde. Der Kommunismus fand gerade in Deutsch-Westungarn am spätesten Eingang, und der zähe Konservativismus der westungarischen Bauernschädel machte der Budapester Räteregierung mehr zu schaffen als die politischen Umtriebe der gestürzten Magnaten und Junker. Bald bewaffneten sich deutsche und kroatische Bauern in der Umgebung *Ödenburgs,* fest entschlossen, die Rotgardisten nicht nur nicht in die Dörfer zu lassen, sondern auch die Stadt Ödenburg zu überfallen und zu erobern. Die Bauern legten Schützengräben an und verteidigten sich vierzehn Tage lang gegen die Rotgardisten. Erst vor der Artillerie mußten sie weichen. Die einziehenden Rotgardisten hielten strenges Gericht: Ein Pfarrer wurde standrechtlich erschossen, ein paar Bauern aufgehängt, einige zu lebenslänglichem Kerker verurteilt. Die am Leben und in der Freiheit blieben, verbargen ihren Haß auch weiterhin nicht und warfen die kommunistischen Agitatoren zum Dorfe hinaus. Der Terror der in der Gegend herumvagabundierenden Räuber, die die Organisation der »Leninbuben« bildeten, die ewigen Requisitionen, Alkohol- und Tanzverbote der Räteregierung, nicht zum geringsten Teil auch ihre Geldmißwirtschaft erweckten in den Bauern das Verlangen, Ungarn Lebewohl zu sagen und den Anschluß an das sprach- und stammverwandte Deutschösterreich zu suchen. Selbst die magyarischen Bauern Westungarns antworteten, als man ihnen vorhielt, daß sie der deutsch-österreichischen Regierung die gesamten Viehbestände würden ausliefern müssen, daß sie lieber den Deutschösterreichern ihre Kühe als an Bela Kun ihren ganzen Besitz geben wollten. In Kapuvar, einem rein magyarischen Dorfe, sagte mir ein Deutsch radebrechender Bauer, mit dem ich über den Anschluß sprach, daß alle Magyaren im Falle eines Anschlusses nach zwei Monaten Deutsch gelernt haben würden.

Mit dem Sturze der Räteregierung zog neue Hoffnung in die Gemüter der Deutsch-Westungarn ein. Zwar ist im Lande noch herzlich wenig von einer Änderung der Situation zu spüren. Die elenden Eisenbahn- und Postverbindungen in Ungarn verhindern eine rasche Durchführung der neuen Regierungserlässe, und während zum Beispiel in Budapest das Alkoholverbot längst aufgehoben ist, kann es passieren, daß ein Schankwirt in Wieselburg vor das Revolutionsgericht gestellt wird, weil er einem Reisenden ein Stamperl Schnaps verkauft hat. Die Organe der Räteregierung halten sich immer noch in den Amtsstuben Deutsch-Westungarn fest. Sie hoffen, ihre Dienste würden auch von einem anderen Regierungssystem geschätzt werden, und auf eine Gesinnungsänderung mehr kommt es ja gar nicht an. Das ganze Geschmeiß der Detektive und Lockspitzel lungert immer noch auf allen Bahnhöfen herum und verhaftet mir einer unnachahmlich geschickten Anpassungsfähigkeit den Verhältnissen entsprechend sowohl jene, die *für,* als auch jene, die *gegen* die Räteregierung sich laut äußern. Die Rotgardisten überfallen immer noch wehrlose Juden auf offener Straße, um Blaugeld zu requirieren – auch Taschenuhren sind unter Umständen Blaugeld – *temporamutantur*-Spitzel, Rotgardisten und Macher in Volksbeglückung bleiben …

Trotz alledem ist die Stimmung: Warten wir ab! Man weiß ganz gut, daß die rein sozialistische Regelung nicht von Dauer ist, und hofft. Der Glaube: *Extra Hungariam non est vita* hält jeden ungarischen Bürger ohne Unterschied der Nationalität in seinem starken Bann. *Extra Hungariam non est vita* – in Deutschösterreich werden wir krepieren! Also: Warten wir ab! ...

Denn der westungarische Bauer hat kein Nationalgefühl. Es ist höchstens ein Stammesgefühl und nicht einmal das ganz. Der verachtet den Fremden, ob dieser ein Budapester oder ein Wiener ist. Er begreift, daß er kulturell höher steht als sein Nachbar, der Magyare oder der Krowot. Er will seinen Erlaß in deutscher Sprache haben. Nicht so sehr, weil er die deutsche Sprache liebt, sondern justament, weil man in Budapest mit ihm Ungarisch sprechen will. Er will seinen deutschen Lehrer haben: Der Bub soll Deutsch lernen, wie er es selbst gelernt hat. Instinktmäßig, triebhaft, ganz, ganz dunkel fühlt er sich vielleicht eins mit dem ganzen Deutschtum der Welt. Bewußt kommt es nie zum Ausdruck. Das Schicksal des großen Deutschen Reiches kränkt ihn nicht. Was ist ihm Berlin?! Einen Norddeutschen haßt er, weil er ihn nicht versteht. Er weiß nicht einmal, ob er selbst Deutscher ist. Ich habe etwa fünfzig Bauern gefragt: »Sie sind Deutsche?« Zwanzig von ihnen sagten: »Na, mir san Ungarn.« Die anderen dachten angestrengt nach, um schließlich zaghaft zu stottern in der Angst, vielleicht doch nicht richtig verstanden zu haben: »Ja, mir *reden* deutsch!« Das ist es: Sie *sprechen* mehr deutsch, als sie es *sind* ...

Nationalehre? Volkszugehörigkeit? Das gilt den wenigsten etwas. Braucht der Bauer von Deutsch-Kreuz seinen Goethe? Er braucht sein Geld, seinen Boden. Wenn Goethe morgen zu ihm käme und ihn um ein Nachtquartier bäte, er wiese ihn ab.

Die Vorteile für Deutschösterreich liegen auf der Hand. Was aber können wir den Westungarn bieten?

Das ist der springende Punkt: Wir können ihnen wenig geben und doch unendlich viel! Eben das, was ihnen fehlt: den Zusammenhang mit der deutschen Kultur. Was sie vom Deutschtum haben, ist nicht viel mehr als Abstammung,

Sprache und Sitte. Aber es fehlt der Zusammenhang mit der großen deutschen Geistesgemeinschaft. Von deutscher *Kultur* kann in diesen Gegenden keine Rede sein. Es ist bloß deutsche *Ordnung*, deutsches *Gemüt* und deutsche *Sitte*. Aber das ist gerade nicht wenig. Wir könnten den Deutsch-Westungarn noch dazu den Glauben geben, daß *extra Hungariam* nicht nur *vita* ist, sondern sogar höheres Leben. Nicht nur Korn und Weizen und guter Wein und Gulasch und Paprika. *Extra Hungariam* gibt es noch ganz andere Dinge …

Nur dürfen wir nicht gewaltsam bekehren. Es wird sicherlich zur Volksabstimmung kommen. Es ist schwer anzunehmen, daß die Ungarn nicht Gewalt oder List anwenden würden. Schon Ende April dieses Jahres wurden neunhundert stockmagyarische Studenten in das Komitat Ödenburg gebracht, damit sie die Abstimmung beeinflussen. Ohne eine militärische Besetzung des Landes durch eine neutrale Macht wird die Abstimmung kaum vor sich gehen können. In Budapest werden von der augenblicklich bestehenden Regierung eventuelle Investitionen in Deutsch-Westungarn lebhaft abgelehnt. Man rechnet nicht mehr ganz mit diesen Komitaten. Es liegt also vieles an der Bevölkerung, manches an uns. Sie mögen für uns stimmen. *Wir* werden sie herzlich aufnehmen!

Der Neue Tag, 8. 8. 1919

Kurort im Burgenland

Sauerbrunn

Sauerbrunns charakteristischste Eigenschaft ist die Finsternis.
Die Einheimischen und die Kurgäste haben ein Sehvermögen wie Eulen, denn sie wandern mit einer erstaunlichen, erfreulichen Sicherheit durch die verschlungensten, finstersten Pfade des Kurparks und wissen die Lage der gerade nicht seltenen Tümpel und Dreckhaufen so genau auswendig, daß sie trockenen Lackstiefels nach Hause gelangen.
Sauerbrunn hat kein Benzin und kein Petroleum, und die Elektrizitätswerke stehen still.
Von Zeit zu Zeit siehst du den fernen Schimmer einer Taschenlampe, die ein beneidenswerter Wanderer aus einer zivilisierten Gegend mitgebracht hat, und wehmütig denkst du an die Segnungen einer fernen Kultur.

In Wiener-Neustadt hat man mir gesagt, ich würde in Sauerbrunn schon ein Zimmer finden.
Ich fand nicht einmal ein Hotel.
Also suchte ich nach einer Sauerbrunner Persönlichkeit. Man wies mich an den Herrn Apotheker.
Der Apotheker saß im Kreise seiner Familie friedlich beim Abendkaffee. Mein Klopfen scheuchte die ganze Gesellschaft aus der Ruhe. Ich stellte mich vor und bat um ein Nachtquartier.
Ja, sagte die Frau Apotheker, sie hätte schon vier Zimmer, aber keine Bedienung.
»Ich brauche bloß eines«, sagte ich, »und bediene mich selbst.«
Darauf könne sie nicht eingehen, sagte sie.
Ich merkte, wie sich die Guten vor mir fürchteten. Einen Tag vorher hätte der Apotheker erschossen werden sollen, weil ihn Szamuely einer reaktionären Gesinnung beschuldigte. Es gelang dem Apotheker zu flüchten. Nach dem Sturz Kuns kehrte er zurück. Nun konnte ich – wer weiß – ein Spitzel, ein Spion, gar ein Bruder Szamuelys sein.
Ich suchte also nach einer anderen Persönlichkeit und fand den Leiter des Sanatoriums, Dr. K.
Dieser geleitete mich ins Direktorium und ließ mir, indes zwei Rotgardisten, »Bajonett auf«, mich bewachten, eine Anweisung ausstellen. Ein dritter Rotgardist schrieb auf ein Zigarettenpapier: »Ujvidek-Villa, 10 K«.
Dann ging ich ins Kaffeehaus.
Das Kaffeehaus besteht aus einem Garten mit Drahthindernissen. Wenn man diese überwunden hat, gelangt man auf eine Terrasse, auf der ein paar Tische und Stühle stehen. An einigen Tischen sitzt die »Gesellschaft« und spricht über die Politik. In großen dunkelgrünen Flaschen stecken kleine, armselige Kerzenstümpfchen. Es sieht aus wie in einer Offiziersmesse, drei Kilometer hinter der Front. Man bestellt

einen weißen Kaffee, muß sogleich eine Krone fünfzig bezahlen. Da ich Zigaretten wünsche, nimmt mir der Ober gleich zehn Kronen ab und bringt mir keine. Statt dessen löscht er nach fünf Minuten den Kerzenstumpf aus und schickt mich nach Hause.

Ich tappe durch dichte Finsternis, halte das Zigarettenpapier mit der Quartieranweisung krampfhaft in der Hand und zerschlage mir den Schädel an sämtlichen Bäumen des Kurparks. Plötzlich fühle ich etwas Weiches und überzeuge mich durch vorsichtiges Tasten, daß ich auf einen weiblichen Körper gestoßen bin. Endlich eine Abwechslung. Die faden Bäume! Ich frage nach der Ujvidek-Villa.

Ja, Ujvidek-Villa: geradeaus, dann rechts zweihundert Schritte, und links ist die Villa.

In der Finsternis kann ich meine Rechte von der Linken und beide nicht von meiner Nase unterscheiden. Ich weiß nicht, was geradeaus, was rechts und was links ist.

Schließlich höre ich Männerstimmen. Es wird deutsch gesprochen. Ein Mann bietet sich als Führer an. Er bekommt meine letzte Zigarette.

Vor der Ujvidek-Villa bleiben wir stehen, und mein Mann ruft irgendein Zauberwort. Darauf wird ein Kerzenstumpf sichtbar, dahinter ein Mensch in Hemd und Unterhosen, der mich in Empfang nimmt.

Ich erlege 10 Kronen und bekomme in einem Zimmer, in dem vier Rotgardisten schlafen, ein Militärbett.

Da ich keine Streichhölzer hatte, konnte ich nicht feststellen, ob es Wanzen oder Läuse waren. Flöhe waren es *nicht*...

Um 4 Uhr morgens stand ich auf und ging durch das schlafende Sauerbrunn. Es ist sehr dreckig und ungepflegt. Die Villen sind traurig und niedergeschlagen.

Sauerbrunn war früher nur ein Kurort. Jetzt ist es historisch: Szamuely liegt hier begraben, der große Mörder Tibor Szamuely.

Da ich zum Bahnhof komme, bemerke ich, daß Sauerbrunn gar nicht Sauerbrunn ist, sondern »Savanya-Kur«. So sieht es aus …

Der Neue Tag, 8. 8. 1919

Ödenburg / Sopron

Ödenburg

Ich würde ein großes Tor errichten als Eingangspforte und mit riesigen, weithin sichtbaren Lettern darüberschreiben: *Nomen est omen!* Denn nie sah ich eine Stadt, zu der der Name besser paßte.

In Ödenburg stehen alle Uhren. Ich glaube: Die Uhren streiken. Denn Ungarn wollte der europäischen Zeit um eine ganze Stunde vorauseilen, und die Räteregierung führte, um die konservativen Bauern zu ärgern, die Sommerzeit ein. Die westdeutschen Komitate kümmerten sich nicht darum: In allen deutschen Dörfern zeigen die Turmuhren die mitteleuropäische Zeit.

Auch die Ödenburger Uhren sahen ein, daß Ungarn, statt der Zeit um eine Stunde vorauszueilen, um ein paar Jahrhunderte zurückgeblieben war. Da sie aber die kommunisti-

schen Machthaber der Stadt fürchteten, gingen sie nicht mitteleuropäisch, sondern blieben stehen. So weiß man in Ödenburg nie, wieviel es geschlagen hat: auch politisch nicht. Denn Budapest ist weit, und die neuesten Nachrichten nehmen den kleinen Umweg über Wien, um nach Ödenburg zu gelangen.
Ödenburg hat 50 000 Einwohner und hält sich also für berechtigt, eine elektrische Straßenbahn vom Südbahnhof zum Raaber Bahnhof und zurück pendeln zu lassen. Die Elektrische trägt keine Nummer, keine Tafel, sondern die Aufschrift: »Kauft Milka-Suchard!« Aber die Aufforderung vermag keinen darüber zu belehren, ob der Wagen zum Raaber oder zum Südbahnhof fährt. Das wissen nur die Einheimischen, und die gehen infolgedessen zu Fuß.
Bis zehn Uhr vormittags sind die Kaffeehäuser offen. Man bekommt eine Portion »Vörös Ujsag« und dazu einen Fingerhut Schwarzen. Wenn man Blaugeld hat, kann man sich den Sport, will sagen: *die* Sport um eine Krone achtzig leisten.
Als Rest bekommt man ein paar Papierschnitzel mit buntem Aufdruck. Es sind keine Briefmarken, sondern Geld. Ungarisches Geld.
Im »Deutschen Haus« kann man eine Anweisung auf Quartier und Essen bekommen. Da die Amtsstunden um neun Uhr beginnen, kommt der kommunistische Beamte schon um halb elf. Er hat einen glänzend pomadisierten Schädel und tadellose Bügelfalten. Er sagt dem Türsteher »Genosse« und »Ala solgaja!«, worauf der an der Tür stehende Genosse zusammenklappt wie ein Patent-Taschenmesser. Denn in Ödenburg sind alle Menschen gleich.
Die Quartieranweisungen werden hier zur Abwechslung nicht auf weißem, sondern auf rotem Zigarettenpapier ausgestellt.
Wenn man aber speisen will, so geht man nicht dorthin, wohin man gewiesen wurde, sondern in einen kleinen nicht-

sozialisierten Betrieb. Die kleinen Betriebe wurden bekanntlich nicht sozialisiert und bekommen infolgedessen so viel Zuspruch, daß sie beim besten Willen nicht klein bleiben konnten. Dagegen wurden die großen, sozialisierten Betriebe kleine Tohuwabohus.

In den nichtsozialisierten Betrieb kommt auch der Herr Stadtkommandant, von Beruf Buchdruckergehilfe und im Kriege zum Stabsfeldwebel avanciert. Jetzt trägt er Offizierskappe und -bluse, weiße Hose, Sporen und eine Reitgerte. Wenn er das Gasthaus betritt, springt das ganze speisende Ödenburg auf. Denn in Ödenburg sind alle Menschen gleich ...

»Der Ödenburger Proletarier« enthält vier Seiten amtlicher Kundmachungen in miserabelstem Deutsch und hat vierundzwanzig Redakteure, von denen nur einer Journalist von Beruf ist. Die anderen sind Setzergehilfen. In der Zeitungsdruckerei wird das Ödenburger Stadtgeld gedruckt.

Der frühere Herausgeber und Chefredakteur ist in keiner Gewerkschaft organisiert und verhungert langsam, aber sicher. Er hat eine Monatsgage von 450 Kronen, die »Redakteure« bekommen 4000 Kronen monatlich.

Der Obmann des Deutschen Gaus residierte in Ödenburg. Er hieß Geza *Zsombor* und gab sich für einen Deutschen aus. Er paktierte mit den Anschlußfreunden, verriet diese bei der Räteregierung, und es gelang ihm, nach Paris zur Friedenskonferenz zu kommen, wo er bald den Anschluß betrieb, bald zu verhindern suchte. Geza Zsombor wohnt jetzt in Wien und wartet auf weitere Konjunkturen ...

Von 10 bis 6 Uhr täglich kannst du in Ödenburg verhungern, ohne daß sich jemand um dich kümmert, wenn du nicht organisiert bist.

Ich ging in ein beliebiges Privathaus und bat um Essen. Ich bekam Brot und saure Milch und sprach mit einer ungarischen Dichterin, die über den Sturz Bela Kuns klagte. Es gibt

auch ehrliche Kommunisten in Ödenburg. Sie sind entweder Dichter oder Narren oder beides.
Ödenburg hat auch etwas Schildamäßiges wie jede Kleinstadt. Ein junges Mädchen aus Ödenburg – so ging die Sage – sei in Wiener-Neustadt verhaftet und eingesperrt gewesen. Das Mädchen kam in ihre Heimatstadt und wurde von allen ehrlichen Ödenburgern boykottiert. Sie mußte nach Wien flüchten. Jetzt wird sie wahrscheinlich ausgewiesen und den Schildbürgern von Ödenburg erbarmungslos ausgeliefert. Denn Schildbürger und Schildbürger halten fest zusammen: die von Wien und die von Ödenburg …
Unheimlich ist Ödenburg in den Abendstunden, wenn die Rotgardisten spazierengehen. Sie haben das Recht, Passanten anzuhalten und zu visitieren. Und unter »Blaugeld« versteht man: Uhren, Ringe, Zigarettendosen usw.
Am Abend verließ ich Ödenburg und wanderte in die Umgebung; denn ich hatte bloß *eine* Taschenuhr …

Der Neue Tag, 8. 8. 1919

Zinkendorf oder Nagy-Zenk

Wenn man nach Zinkendorf gelangen will, kommt man nach Nagy-Zenk.
Aber wenn man Glück hat in Nagy-Zenk, kann man hie und da auch Zinkendorf zu sehen kriegen:
Wenn du eine große Kotlache siehst und darin wälzt sich mit behaglichem Grunzen ein fettes Schwein;
wenn du an schwarzen Kindern vorbeikommst, die mit süßer Wollust Gesicht und Nacken mit Pferdemist bestreichen;

wenn in einem offenen Pferdestall eine Bäuerin ihre Notdurft verrichtet; wenn in einem Gasthaus ein Schweinehändler mit gerötetem Gesicht seinen Tischnachbarn anspeit; usw. usw.,

dann bist du in Nagy-Zenk …

Aber wenn du ein weißes Häuschen mit einem Gartenbeet davor siehst und hinter den Fenstern weiße Gardinen;

wenn du einen Bauern siehst, der seine Pfeife raucht und ein Hausgerät blank putzt;

eine Frau, die einen trampelnden, schreienden blonden Jungen in einen Wasserkübel zwängt;

blütenweiße Gänse in einem kleinen, abgegrenzten Teiche plätschern; usw. usw.,

dann bist du in Zinkendorf.

Zinkendorf ist stockmagyarisch und hat eine Zuckerfabrik, die für Deutschösterreich von großem Nutzen wäre und natürlich von Deutschen verwaltet wird. Die deutschen Arbeiter – 14 oder 15 Familien – wohnen in Nagy-Zenk und bilden Zinkendorf.

Am Sonntagabend kommen der Bürgermeister und die Gemeinderäte ins Wirtshaus und sprechen über den Sturz der Räteregierung. Alle trinken zehn- und zwanzigmal Brüderschaft. Zum Schluß küssen sie sich, indem sie sachte unter den Stammtisch gleiten.

Der Wirt hat schneeweiße Hemdsärmel und lächelt überlegen. Er wischt sich den Schweiß und gurgelt jedesmal, sooft er einschenkt, einen Viertel Rotwein hinunter.

Nach fünfzig Vierteln wirft er die Gäste hinaus. Das ganze männliche Nagy-Zenk torkelt die breite Landstraße entlang. Und findet erst Montag früh nach Hause.

Als ich am Gemeindeamt vorbeiging, sah ich draußen einen Ochsen stehen.

Ich nahm das für einen harmlosen Zufall und ging hinein, mit dem Bürgermeister zu sprechen.

Aber nur der Schreiber, der beim Militär gedient hatte, konnte Deutsch und sprach mit mir.
Wie er sich den Anschluß vorstelle?
Anschluß? Ja, wenn Deutschösterreich an Ungarn eine Entschädigung zahle, könne man von Anschluß reden. Denn Deutschösterreich sei schuld am Kommunismus, denn alle Juden kämen aus Deutschösterreich ...

Der Neue Tag, 9. 8. 1919

Deutsch-Kreuz

In Deutsch-Kreuz war Tanz- und Polterabend.
Die weiten Gehöfte leer, und nur die Alten waren zu Hause geblieben. Von Zeit zu Zeit kamen ein Kind oder ein Großvater des Weges daher und erzählten, daß »Marie-T'res« ein Sacktuch wünsche.
In Deutsch-Kreuz ist die Institution der Parkettböden nicht bekannt. Man tanzt vielmehr im Hofe, und eine Ziehharmonika liefert die nötige greuliche Musik.
Die Mädchen, alle weiß gekleidet und mit schwarzen Kopftüchern, stehen in dichten drei Reihen hintereinander im Hofe, die Burschen stehen auf der anderen Seite, aber eher in Gruppen, viel zwangloser und freier. Manche sitzen drin in der Schenke und tun einen anständigen Zug. Auf einmal geht der Spektakel los:
Aus der mißgestimmten Ziehharmonika flattert ein tiefer Ton auf, wie ein schwerer, plumper Vogel versucht er, eine Weile in der Luft zu bleiben, und fällt dann schwer und plumpsend zu Boden.
Diesem Ton folgt ein heller, junger, es klingt wie ein Hahnenschrei, und auf dieses Zeichen stürzen Burschen ohne Hüte

und in Hemdsärmeln aus der Schenke. Im Nu sind die Weiber vergriffen. Der Bursche hält das Mädchen nicht etwa an sich gepreßt, sondern hat beide Arme um ihre Hüfte geschwungen. Der Oberarm bleibt hölzern, steif und fest, so daß das Mädchen in einem Abstand von etwa zehn Zentimetern von seinem Körper entfernt bleibt.

Der Tanz ist vollkommen kunstlos und besteht aus monotonen Drehbewegungen. Man dreht sich so lange, als der Ziehharmonikamensch will, denn es gilt als Schimpf, früher aufhören zu müssen. Man dreht sich in dem engen Hofe, in dem es zum Ersticken heiß ist, bis man im eigenen Schweiße ertrinkt. Der Boden ist naß wie nach einem Platzregen.

Da ich ins Wirtshaus trete, singen die Leute gerade ein heanzerisches französisches Gstanzel:

> Von da Nah und von da Fean
> Lod' ma olli ein, an jedn gseg ma gean.
> Ochzig Hella is Eintrittsgöld
> Des wegn is a nit gfölt.
> Denn wou spült d'Neuhausa Musi
> Dou is a Hetz, a Gschpusi.

Man entdeckt an mir Kragen und Krawatte, hält mich für einen kommunistischen Agitator, und feindselige Stille tritt plötzlich ein. Der Wirt poltert los:

»I kenn' Ihna gar nicht!«

»Das macht nichts! Sie sollen mich kennenlernen!«

»Was wollen S' denn?«

»Was zu essen und einen Wein! Und schlafen möcht' ich hier!«

»Z' essen hob i selber nix, und schlofn können S' net. An Wein können S' habn, wenn Sö Blaugeld han.«

Ich han Blaugeld und trinke einen Wein. Weil ich mit einer Hundertkronennote zahle, kommt ein Rotgardist plötzlich auf mich zu und nimmt mir dreihundert Kronen ab, worauf ich mich schleunigst aus dem Staube mache.

Hundertkronennoten darf nämlich niemand besitzen, es sei denn ein Rotgardist.

Nun aber kannst du in Deutsch-Kreuz drei Stunden lang herumwandern und findest kein Quartier und kein Brot. Du bist ein Fremder und wirst verachtet. Kragen, Krawatte und Hochdeutsch verraten dich. Entweder bist du ein Spion der Szegediner, so hat man Angst. Oder du bist ein Agitator Kuns, so haßt man dich. Du kannst verhungern. Zumal, da sowohl der Herr Pfarrer als auch der Herr Notär irgendwo beim Tarock sitzen.

Plötzlich sehe ich die Große Mohrengasse auftauchen.

Hausierergesichter, typische Leopoldstadt. Eine Judengruppe. Sie reden hochdeutsch mit den Händen. Ihre Bewegungen halten die Mitte zwischen Bedächtigkeit und Leidenschaft. Sie reden Leitartikel über Bela Kun. Bleiche Pogromangst spukt um sie herum.

In Deutsch-Kreuz sind sie zu Hause. Da ich einen um Quartier bitte, läßt er mich durch einen rothaarigen, sommersprossigen Judenjungen nach dem Hause eines Glaubensgenossen führen. Ich bekomme Brot und Eier und ein Bett. Ich teile das Zimmer mit einer gelähmten Großmutter, dem Ehepaar und zwei hübschen, schwarzäugigen Töchtern. Am Morgen erlege ich nicht weniger als fünfzig Kronen in Blaugeld und wandere weiter.

Aber über die Juden in Deutsch-Kreuz muß ich noch erzählen.

Der Neue Tag, 9. 8. 1919

Die Juden von Deutsch-Kreuz und die Schweh-Khilles

Mitten in Deutsch-Kreuz eine Filiale der Leopoldstadt. Siebzig jüdische Familien wohnen seit tausend Jahren im Deutsch-Kreuzer Getto. Denn sie wohnen alle zusammen, in einer großen Häusergruppe hinter den weiten Gehöften der reichen Bauern, und führen ein eigenes Leben.
In der Mitte steht der Tempel, mindestens ein paar Jahrhunderte alt. Links vom Tempel wohnt der Rabbiner, ein Mann in mittleren Jahren mit blondem Bart und einem schwarzen Samtkäppchen auf dem Haupte. Er sitzt an einem langen Tisch und um ihn herum seine Jünger. Judenburschen im Alter von sechzehn bis zwanzig. Sie lernen Talmud, alle durcheinander, in ihren monotonen Sing-Sang klingt nur von Zeit zu Zeit der grelle Schrei der Ziehharmonika vom Wirte drüben.
Ich will mit dem Rabbi über die Gemeinde sprechen. Er drückt mir die Hand und bittet mich um Verzeihung: Er habe leider keine Zeit. Ich möchte zum Kultusvorsteher Herrn Lipschütz gehen.
Herr Lipschütz ist ein Mann um die Fünfziger. Ist auch schon in Budapest und, als er noch jung war, sogar in Wien gewesen und hat Manieren.
Er bittet mich in den »Salon«. Ein dunkelrot gehaltenes Zimmer, lauter Plüsch und Samt und verstaubte Nippessachen, Tintenfässer, Vögel, Hunde aus Bronze auf der Konsole. Der Stuhl, den er mir anbietet, ist leider durchgedrückt, und ich rutsche in eine Versenkung, aus der ich mich mit vieler Mühe wieder hinausrette, um fortab am Stuhlrand sitzen zu bleiben.
Herr Lipschütz erzählt mir:
Vor vielen Jahren seien die Juden aus Österreich vertrieben worden und wären zum Fürsten Esterhazy gekommen. Dieser habe ihnen sieben Gemeinden, die sogenannten

»Schweh-Khilles«, angewiesen. Es sind lauter deutsche Gemeinden. In einigen haben die Juden volle Autonomie und sogar eigene Bürgermeister. Die Juden sprechen ein reines, fehlerloses, etwas hartes Deutsch und vertragen sich ausgezeichnet mit der Bevölkerung. Die deutschen Bauern machen einen strengen Unterschied zwischen »Budapester« und »unseren« Juden.

Das Haus des Herrn Lipschütz ist einstöckig, mit einem großen Hof. Er ist der reichste Jude in der Gemeinde, und sein Name ist weit und breit bekannt.

Der Kantor, der vor ungefähr 50 Jahren noch im Deutsch-Kreuzer Judentempel die Gebete sang, hieß *Goldmark*. Sein Sohn war der berühmte Komponist *Goldmark*, der aus einem Deutsch-Kreuzer Judenjungen ein Mann von Weltruf ward.

Die Gemeinde zählt auch den ungarischen Romanschriftsteller und späteren Sektionschef Alexander *Doczi* recte *Dux* mit Stolz zu ihren Söhnen.

Die Juden von Deutsch-Kreuz und den Schweh-Khilles beschäftigen sich nur mit ehrlichem Handel und werden von der christlichen Bevölkerung sehr geschätzt. Sie haben sich rein und unvermischt erhalten, und aus ihren Gesichtern klagte das jahrtausendealte Leid Ahasvers. Sie kennen keinen Tanz, kein Fest und kein Spiel. Nur Beten und Weinen und Fasten. Die Deutsch-Kreuzer Juden fasten zweimal in der Woche und beten den halben Tag lang.

Der Tempeldiener kommt morgens und abends an jede Tür, klopft mit einem Hammer und ruft die Juden zum Gebet. Ich besah mir den Hammer: Er ist schon ganz klein, schwarz, fertig und »abgeklopft«. Er mag so alt sein wie die Gemeinde.

Manchmal wächst ein Judenjunge heran, hat Begabung und Glück und wird ein Goldmark oder Doczi. Aber nur manchmal.

Die meisten leben und sterben, wo sie geboren sind. Das ist die Geschichte der Juden von Deutsch-Kreuz und der »Schweh-Khilles«.

Der Neue Tag, 9. 8. 1919

Erläuterungen

Ägyptische: Zigarettensorte
Alsergrund: 9. Bezirk von Wien
Bartwisch: Handbesen
Bauernfeld: Eduard von (1802–1890), Lustspieldichter mit Wiener Lokalkolorit
Bierbaum-Lyrik: Bierbaum, Otto Julius (1865–1910), Schriftsteller, Lyriker. Roth beschreibt ihn in seinem Feuilleton »Eine Stunde als fliegender Buchhändler« vom 2. 6. 1921 so: »... Dieser harmlose Dichter, dachte ich, ist lustig, aber nicht sittenverderbend und kann dem alten Herrn nur Segen bringen. Hat er aber, der Alte, sündige und schlechte Gedanken, so wird ihn Bierbaum erheitern (und das heißt: unschädlich machen) ...«
Die Blaue: Letzte Straßenbahn, die an Stelle der Linientafel durch eine blau beleuchtete Scheibe gekennzeichnet ist
Bösendorfer: Ludwig (1835–1919), Begründer des Welterfolgs der Klavierfabrik seines Vaters, wichtige Persönlichkeit und Mäzen des Wiener Musiklebens
Breitwieser-Kumpane: Breitwieser war »der Einbrecherkönig« Wiens und bei der Bevölkerung sehr beliebt
Cottage: Villenviertel in Wien
Elektrische: Bezeichnung für die Wiener Straßenbahn
Greißler: Kleines Lebensmittelgeschäft, »Tante-Emma-Laden«
Heanzen: Heinzen, Hienzen, Hinzen, die deutschsprachigen Bewohner des südlichen und mittleren Burgenlands und von Randgebieten des ungar. Komitats Ödenburg (Sopron); die Herkunft des Namens ist umstritten, er wird einerseits als zum Gattungsnamen gewordener Vorname Heinz erklärt, der unter den Bauern dieser Gegenden sehr

gebräuchlich gewesen sein soll (Heanzenland = Bauernland). Nach Auffassung von Dialektforschern handelt es sich jedoch um einen bäuerlichen Spottnamen. (Österreich Lexikon, Wien 1995)
»Heanzen« bedeutet im Wienerischen auch spotten, höhnen, hänseln
Hienzen: Die Insassen der über 5500 qkm großen Landstrecke von Preßburg längs des Karlberg Wieselburger Donauarms bis Raab und von da längs der Raab bis an die steirische Grenze bei Fürstenfeld, etwa 300 000 mit 30 000 Deutsch-Kroaten untermischt. Sie gelten für die Reste einer bayrisch-alemannischen Einwanderung aus der karolingischen Zeit. (Meyers Konversations-Lexikon, Leipzig 1888)
Hernals: 17. Bezirk von Wien
Hetz: Spaß
Kaffeesieder: Besitzer eines Kaffeehauses
Kandelaber: Laternenpfahl, Straßenlaterne
Kanzleipapier: Papierformat, meist Doppelbogen
Katzlmacher: ugs. verächtlich für Italiener
Krowoten: ugs. verächtlich für Kroaten
Kun: Bela, Führer der Ungarischen Räterepublik vom 21. 3. 1919 bis zu seinem Sturz am 1. 8. 1919
Latour: Theodor Graf Baillet von (1780–1848), Offizier und Politiker; im April 1848 Kriegsminister der konstitutionellen Regierung als einziger Vertreter der äußersten Rechten, wurde 1848 gelyncht
Leninbuben: Wahrscheinlich sind Kommunisten gemeint
Leopoldstadt: 2. Bezirk von Wien
Menageschale: ugs. Blechgeschirr
Mülli: Milch
Ottakring: 16. Bezirk von Wien
Pofel: Schund, minderwertige Ware
Rastelbinder: Kesselflicker (vazierender Klempner); Wanderhändler, der mit Töpfen und Bürsten handelt

Dr. Renner: Karl (1870–1950), 1907 Abgeordneter zum Reichsrat; Vorkämpfer der Arbeiterbildungsbewegung; 1918-1920 Staatskanzler der Ersten Republik; 1945-1950 Bundespräsident der Zweiten Republik

Ronacher: Revue- und Varietétheater

Salamutschlmann: Wanderverkäufer von Salami und Käse, meist Italiener

Schani: nach dem franz. Jean; jeder zweite Diener, Lakai und Pikkolo wurde seinerzeit Jean genannt

Scheuchenstuhl: Dr. Wilhelm Edler von, war Leiter der Österr. Tabak-Regie von 1909–1921

Schwind: Moritz von (1804-1871), Historienmaler und Illustrator

Spatz: Sperling

Sperrgeld: Geld, das man dem Hausbesorger zwischen zehn Uhr abends und fünf Uhr morgens für das Aufsperren des Haustors zu entrichten hatte. Die Bewohner von Zinshäusern besaßen bis nach dem 1. Weltkrieg keinen eigenen Haustorschlüssel

Sperrsechserl: Übliche Höhe des Obulus an den Hausbesorger (siehe oben)

Sporteln: Sport, eine Zigarettensorte

Szamuley: Tibor, Mitglied der Räteregierung Bela Kuns, der unzählige Todesurteile fällte

Tschecherl: Kneipe, kleines Café

Tschoklad: Schokolade

Ukas: behördliche Anordnung, a.d. Russischen

Vormärz-Tum: Biedermeierzeit; Zeit vor der Revolution 1848 in Wien